최첨단 디지털 학습
Digis of Foreign Language

On-line 과 Off-line을 통한 디지털 중국어 학습   Digis

차오의
MP3
개인과외
중국어

지금까지의 중국어 교재와는 전혀 다른 mp3오디오 강의 중국어 첫걸음!

중국의 10억인구가 사용하는 중국어는 이제 미국이나 일본, 유럽 여러나라의 사람들이 중국과의 미래를 대비해 준비하는 아주 중요한 언어이다. 게다가 2008년 베이징올림픽과 경제성장으로 세계의 이목을 받고 있는 중국과의 경제적·정치적·문화적인 관계로 한국인에게는 가장 인기있는 언어가 된 것이다. 이런 중국어를 미리 준비한다면 나의 미래 또한 착실히 준비할 수 있는 발판이 되리라 생각한다.

이렇듯 미래를 준비하는 사람들을 위해 만든 이 책은 한자나 중국어를 처음 시작하거나 한두번 중국어를 시도해봤던 분들을 위해 지금까지와는 다른 기획과 구성으로 만든 아주 쉬운 중국어 교재이다.

길을 걷거나 차를 운전할때 또는 지하철 안에서.. 언제 어디서나 OK!

아까운 자투리 시간을 허비하지 않고 하루 15분씩만 투자하면 중국어를 끝낼 수 있도록 구성하였다.

책을 보지 않고 오디오 강의만 들으면 회화문을 듣고 따라할 수 있도록 하였으며, 차오 선생의 강의를 들으면 회화에 꼭 필요한 핵심문법을 이해할 수 있다. 이후, 100% 완벽하게 학습하고 싶은 분들을 위해 강의 내용을 책을 보며 다시 한 번 확인학습 할 수 있도록 하였다.

우리말 발음이 있어 초보자들이 쉽게 시작할 수 있고, 간체자쓰기를 통해 한자를 전혀 모르는 사람도 중국어 한자를 쉽게 시작할 수 있도록 한 것 또한 특징이다.

아무쪼록 자투리 15분을 투자하여,
미래에 대한 확실한 투자를 성공으로 이끌기 바란다.

출발!

하루15분 자투리 시간을 활용한

중국어첫걸음 *성공!* 하기

▶ **베이징 현지에서 가장 많이 사용하는 표준회화문!**

실제 베이징에서 많이 사용하는 회화문 위주로 실어 실제 회화에서도
바로 사용할수 있다. 또한 우리말 발음이 있어 듣고 따라하기 편리하다.
중국 현지인의 발음을 큰 소리로 듣고 따라하며 시작하도록 하자.

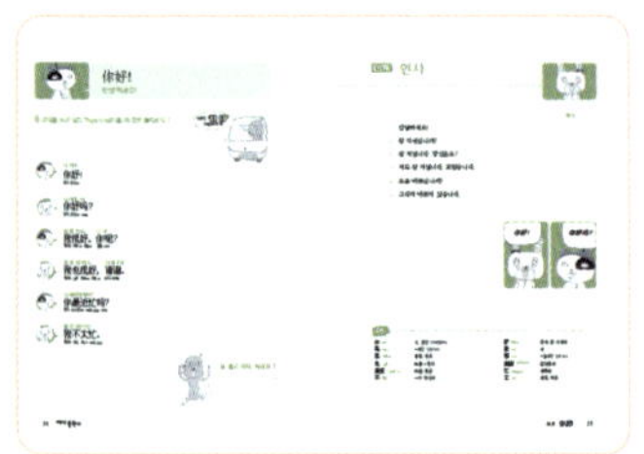

▶ **언제 어디서나 들으며 끝내는 나만의 개인 과외!**

EBS초급 중국어 강의의 노하우를 갖고 있는 진행자가 왕초보자들이
쉽게 이해하고 따라할 수 있도록 재미있게 강의를 녹음하였다.
회화에 꼭 필요한 알짜배기 문법만을 일목요연하게 설명하였다. 현대
인의 필수라 할 수 있는 mp3나 Tape로 듣기만 하면 발음과 회화, 문
법을 동시에 해결할 수 있다.

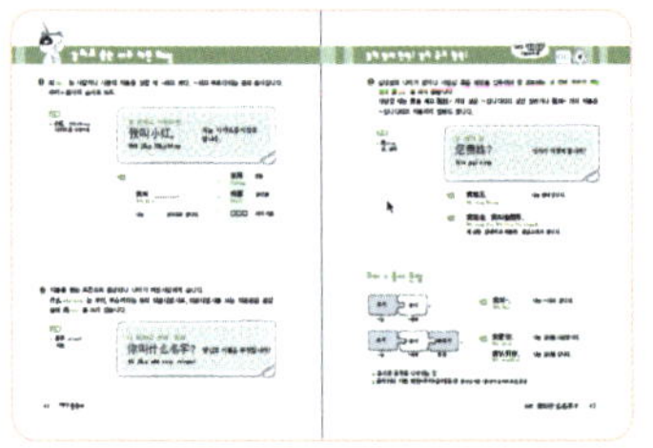

▶ 기타 여러가지 표현!

각 과에서의 중요한 회화문과 문법설명 외에 가장 자주 사용되는 중요한 단어와 기본표현들을 따로 모아 놓았다. 상황별 문장들을 통째로 외워두면 바로바로 사용할 수 있다.

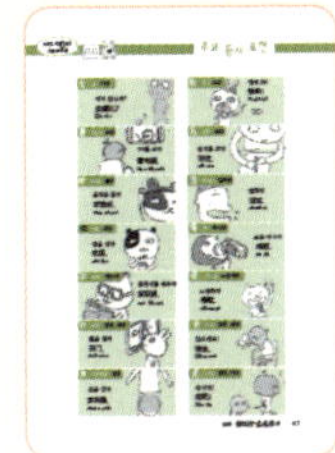

▶ 꼭 알아두어야 할 간체자쓰기!

중국어의 기본이 되는 한자 중 우리나라 한자와 다른 중요한 간체자들만 과별로 따로 모아 간체자 연습을 할 수 있도록 하여, 한자를 전혀 모르는 사람도 중국어 한자를 처음부터 쉽게 시작할 수 있도록 하였다.

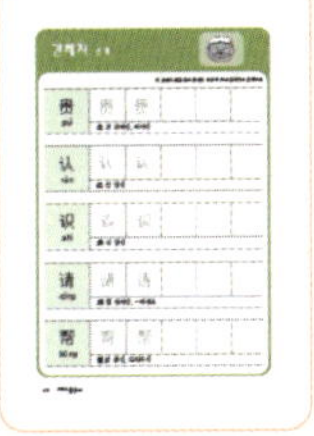

** 중국어 발음편 1, 2!

중국어의 기본인 발음편 1·2를 따로 구성하여 처음부터 성조연습을 시작할 수 있도록 하였다. 중국어의 성조는 말하고 듣는 데 중요하다. 그러나 발음이 어려운 사람은 이곳을 뛰어넘어 바로 1과부터 시작한 후, 차후에 발음편을 연습해도 상관없다.

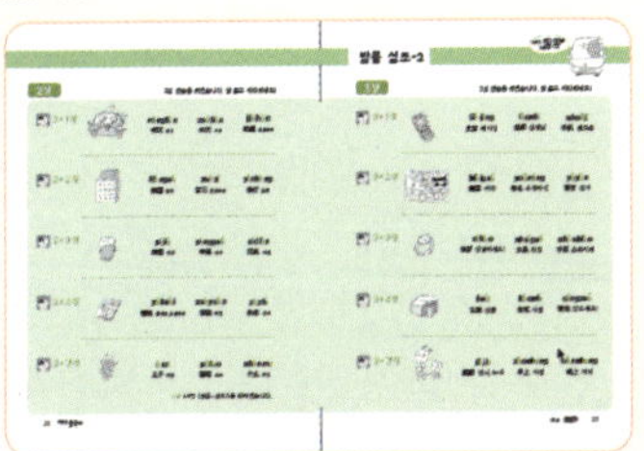

강의 SCRIPT 01

大家好! 차오의 MP3개인 과외 중국어 제 1과 를 시작하겠습니다.

이번 과는 회화의 기본이 되는 인사에 대해서 배우도록 하겠습니다.

실제 중국인이 대화하는 모습을 상상하면서 대화를 들어보세요. 그냥 듣는 것보다 훨씬 흥미로우실 것입니다. 처음이라 잘 들리지 않더라도 조바심내지 마시고 천천히 시작한다는 생각으로 들어보세요. 시작이 반이라고 하죠? 여러분은 이미 반은 끝내신 상태입니다. 자신감을 가지고 출발해 볼까요? 시작합니다.

자, 그럼 이제 본문 대화 속으로 들어볼까요? 먼저, 잘 들어보세요. −본문대화−

자, 이번에는 듣고 따라하세요. −본문대화−

잘 들으셨어요?

지금부터 저와 함께 차근차근 중국어의 세계로 들어가 보도록 하겠습니다.

중국어하면 떠오르는 인사말을 알고 계세요?

그렇죠. 중국어에 조금만 관심이 있으신 분이라면 누구나 你好! 또는 你好吗? 이 정도는 흔히 들어보셨을 겁니다.

그런데 두 인사말은 비슷한 것 같지만 다릅니다.

먼저 你好!는 처음 만나는 사람이나 친한 사이, 모두에게 쓸 수 있는 가장 일반적인 인사말입니다. 你 你는 '너, 당신'이라는 뜻입니다. 우리말에서도 상대방에게 '니'라는 말을 쓰는데 발음이 비슷하다는 공통점이 있네요. 好 好는 좋다, 안녕하다라는 뜻으로 두 말이 합쳐져서 '안녕' 또는 '안녕하세요!' 라는 인사말이 된 것입니다.

잘 듣고 따라해 보세요!

你好! _______________   你好! _______________

你好!를 발음할 때 주의할 점, 아시겠어요?

이미 앞에서 성조를 배울 때 나왔는데요, 기억나신다고요? 기억나시는 분들은 더욱 확실하게, 기억나지 않는 분들은 잊지 마시라고 제가 다시 설명해드리겠습니다. 你好 둘 다 성조가 3성이기 때문에 발음의 편의를 위해서 앞의 3성인 你를 2성으로 발음해 주어야 합니다.

이 점에 유의해서 다시 한 번 발음해 보세요.

你好! ___________   你好! ___________

대상에 따라 你 대신에 다른 말을 넣어서도 인사할 수 있습니다.
그러면 '선생님, 안녕하세요!' 는 어떻게 할까요?
'선생님' 은 老师 老师이라고 합니다.

그러면 你好!대신에 老师을 넣어서 인사해 보세요.

老师好! ___________   老师好! ___________

네, 인사 잘 받았습니다. 그러면 저도 여러분들에게 인사를 해야죠.

你们好! ___________   你们好! ___________

제가 뭐라고 인사했는지 아시겠습니까? 다시 한 번 들어보세요.

你们好! ___________   你们好! ___________

你们 你们은 '당신들' 이라는 뜻의 你의 복수형입니다.
따라서 '여러분, 안녕하세요!' 라고 할 때는 앞에서 말한 것처럼 你们好!라고 합니다. 또
는 '여러분, 모두' 라는 뜻의 大家 大家를 써서 大家好!라고도 합니다.

자, 따라해 보세요!

你们好! ___________   你们好! ___________

大家好! __________   大家好! __________

그럼, 이번에는 또 다른 인사말인 你好吗?에 대해 알아볼까요?

你好吗?는 '안녕하십니까? 잘 지내십니까?' 라는 뜻의 이미 아는 사이에 안부를 묻는 인사말입니다. 따라서 처음 만난 사람에게는 쓰지 않습니다.

이 문장은 你好!의 문장 끝에 吗 吗라는 의문조사가 붙어 있습니다. 우리말의 문장 끝에 '~까?'를 붙이면 의문문으로 바뀌는 것처럼 중국어도 일반문장 끝에 吗를 붙이면 의문문으로 바뀝니다. 그냥 물어보고 싶은 기분이 든다 그러면, 일단 문장 끝에 吗만 붙이세요.

자, 따라해 보세요. 의문문이니까 끝을 살짝 올려서 해주면 더 좋겠죠?

你好吗? __________   你好吗? __________

여기서 아주 살짝 문법을 설명하도록 하겠습니다.

형용사란 好와 같은 '좋다' 또는 '나쁘다, 크다, 적다' 등과 같이 어떠한 상태를 나타내는 말입니다. 중국어에서는 주어+형용사의 형태로 간단하게 문장을 만들 수 있습니다.

그럼, '당신은 바쁘다'를 한 번 말해볼까요? '바쁘다'는 忙 忙이라고 합니다.

你忙 __________   你忙 __________

이번에는 '당신은 바쁘십니까?' 라고 물어볼까요?

조금 전에 물어볼 때는 일단 문장 끝에 무엇을 쓴다고 했죠? 기억하시죠?

你忙吗? __________   你忙吗? __________

아주 쉽죠? 다른 형용사로 바꿔가면서 물어보기만 하면 됩니다.

 차오의 MP3 중국어

'요즘, 최근에'라는 最近 最近을 써서 '요즘 바쁘십니까?' 라고 물어보세요.

最近忙吗? _________ **最近忙吗?** _________

중국어에는 의문문이 여러 가지가 있습니다. 가장 일반적인 의문문이 문장 끝에 吗를 쓰면 되고 이보다 더 간단하게 명사 뒤에 呢 呢를 써서 '~는요'라고 물어보는 의문문이 있습니다.

그럼, '당신은요?' 라고 물어볼까요?

你呢? _________ **你呢?** _________

'당신들은요?' 라고 물어볼까요?

你们呢? _________ **你们呢?** _________

자, 이제 대답을 알아봅시다.
你好吗?라고 안부를 묻는 말에 '저는 잘 지냅니다.' 라고 긍정의 대답을 해볼까요?
你라고 물어보면 대답할 때는 '나는~'이라고 대답해야겠죠? '나'는 我라고 합니다. 이러한 '너'와 '나' 같은 말을 **인칭대명사**라고 합니다. 여기서 인칭대명사는 '밑줄 쫙 돼지꼬리 땡땡' 중요한 부분이니 교재를 보시고 꼭 알아두시기 바랍니다.

我很好。 _________ **我很好。** _________

뒤에 '고맙습니다.' 도 넣어서 대답해 보세요.

我很好，谢谢。 _________ **我很好，谢谢。** _________

영어의 'I'm fine, thank you.' 와 비슷하죠?

이 때 쓰인 很 很은 원래 '매우, 아주' 라는 뜻으로 형용사 앞에서 형용사를 꾸며 주어 그 정도를 나타내주는 부사입니다.

형용사가 혼자 쓰일 때는 의례적으로 써주는 것이 좋습니다.

그럼, '나는 바쁩니다.' 도 말해볼까요?

我很忙。＿＿＿＿＿＿　　　　　　我很忙。＿＿＿＿＿＿

네, 맞습니다. 아주 잘 하셨어요.

한걸음 더 나아가서 이번에는 '저도 바쁩니다.' 라고 해볼까요?
'～도, 역시' 라는 말은 也 也라고 합니다. 주어 뒤에 붙여주면 됩니다.

我也很忙。＿＿＿＿＿　　　　　　我也很忙。＿＿＿＿＿

긍정의 대답을 했으니 부정의 대답 또한 알아봐야죠?

지금까지 공부하면서 느끼셨겠지만, 중국어가 쉬운 또 한 가지 이유, 다른 언어들은 여러 철자가 합쳐져서 하나의 뜻을 만들어내지만 중국어는 간단하게 한자 하나로 뜻을 나타낸다는 것입니다. 好가 그렇고 吗 또한 그렇습니다.

부정의 뜻 또한, 우리가 '아니 불 不' 이라고 배웠던 不 不로 나타냅니다.

형용사 앞에 不만 붙여서 '좋지 않다' 는 不好 不好라고 합니다.

그럼, '나는 바쁘지 않습니다.' 라고 말해볼까요?

我不忙。＿＿＿＿＿　　　　我不忙。＿＿＿＿＿

 차오의 MP3 중국어

'바쁩니다, 바쁘지 않습니다' 로만 대답하나요? 그냥 '그다지(별로) 바쁘지 않습니다.' 라고도 말할 수 있습니다.

어떻게 말할까요? 잘, 들어보세요.

我不太忙。＿＿＿＿＿　　我不太忙。＿＿＿＿＿

太 太는 앞에서 배운 很과 같이 원래는 '매우, 아주' 라는 뜻의 부사인데, 부정의 의미를 나타내는 문장에 쓰이면 뜻이 '그다지, 별로' 로 바뀌어 버리는 거죠.

그럼, '그다지 잘 지내지 못합니다.' 라고 말해보세요.

我不太好。＿＿＿＿＿　　我不太好。＿＿＿＿＿

지금까지 가장 기본적인 인사와 안부를 묻고 답하는 표현에 대해 배웠습니다.
여기 나오는 기본 구문만 알고 있으면 여러분들은 어떤 사람을 만나더라도 호칭을 바꿔가면서 인사 나눌 수 있습니다.
그런데 한 가지 해결해야 하는 문제. 여러분들이 너무나 걱정하고 힘겨워하는 부분. 짠짜라 짠~ 한자쓰기입니다. 그건 바로 한자에 대해 갖고 있는 편견, 어렵다는 거죠. 안타깝게도 중국어는 한자로 쓰여 있어 한자를 피할 방법은 없습니다.

그러나 다행히도 우리가 알아야 할 한자는 복잡한 한자를 과감히 간단하게 만들어 놓은 **간체자**입니다. 중국어를 배우려고 하는 분들이라면 과감히 편견을 버리고 지금부터라도 눈으로 많이 보고 손으로 많이 써보세요! 한자가 글자라기보다는 그림처럼 느껴져 흥미로워질 것입니다. 교재에 따로 간체자를 써보는 칸을 만들었습니다. 열심히 따라서 써보세요.

기타 인사 표현을 교재와 mp3를 보고 들으면서 따라하시면 더욱 유창한 중국어를 구사하실 수 있습니다.

你好! 따라하기 ! _______
▲
남자 성우

你好! 따라하기 ! _______
▲
여자 성우

발음편

성조 声调 란?

한자 그대로 소리의 높낮이를 일정하게 낸다는 뜻입니다.

성조에 따라 같은 음이라도 뜻이 달라지며 같은 글자라도 성조가 달라질 경우 뜻이 달라집니다.
그러므로 기본적인 의사소통을 위해서 성조는 정확히 익혀야 합니다. 성조를 정확히 익히기 위해서는 중국어를 배우는 초기에 매 글자의 성조를 정확히 기억하고 많은 연습을 통하여 자연스럽게 익혀야 합니다.

4성 성조는 크게 4가지, 즉 1성·2성·3성·4성으로 나누는데 이를 4성 四声이라고 합니다.

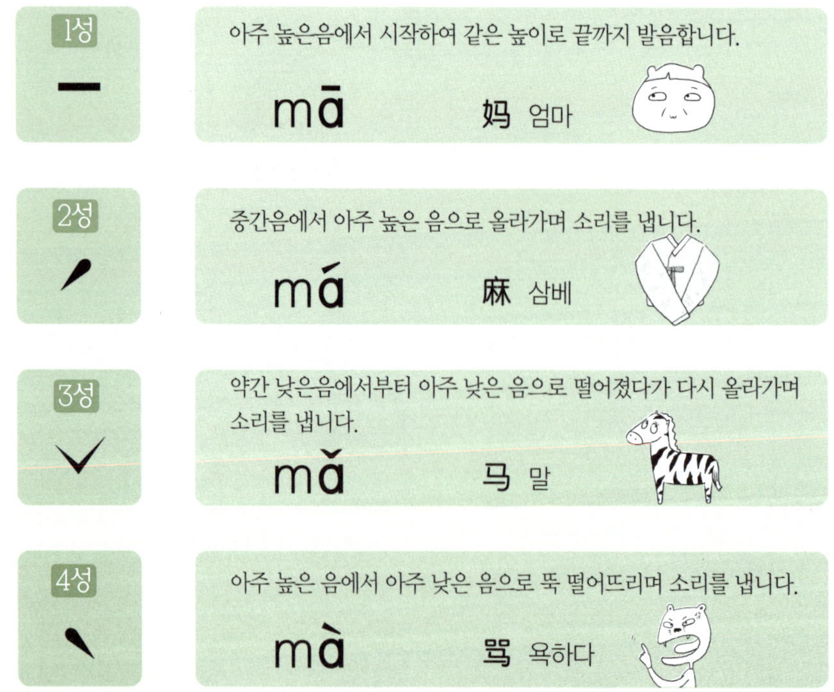

 성조 부호의 표기 방법

1. 모음이 하나만 있을 경우, 그 **모음 위**에 표기하며   ta ⇨ tā   他 그
   모음 i 에 성조부호를 붙일 때는 **i 위의 점을 없애고**   ni ⇨ nǐ   你 너, 당신
   표기합니다.

2. 둘 이상의 모음이 있을 경우, 성조부호는 주요 모음 입 벌리기가 큰 모음 인 **a, e, o**
   순으로 표기합니다.

   모음 a가 있으면 **a위에 붙이고**   hao ⇨ hǎo   好 좋다

   a가 없으면 **e, o 위에 표기**합니다.   duo ⇨ duō   多 많다

3. 모음 i, u, ü 가 있을 경우에는 **가장 끝에 쓰인 모음** 위에 표기합니다.

   huí   回 돌아오다   liù   六 여섯

4. 경성은 **성조를 표기하지 않습니다.**

   ma   吗 ~까?   le   了 ~했다

 격음 부호

a, e, o 로 시작되는 음절이 다른 음절의 뒤에 올 때는 두 음절의 구분을 확실히 하기
위해서 그 사이에 **격음부호**를 씁니다.

nǚ'ér   
女儿 딸

tiān'ānmén   
天安门 천안문

1성

1성 연습을 하겠습니다. 잘 듣고 따라하세요!

 **1+1성**

chūntiān
春天 봄

qiūtiān
秋天 가을

fēijī
飞机 비행기

kāfēi
咖啡 커피

chōuyān
抽烟 담배를 피다

 **1+2성**

Zhōngguó
中国 중국

dāngrán
当然 당연히

jīnnián
今年 금년, 올해

 **1+3성**

qiānbǐ
铅笔 연필

jīchǎng
机场 공항

kāishǐ
开始 시작하다

 **1+4성**

gāoxìng
高兴 기쁘다

yīnyuè
音乐 음악

shēngrì
生日 생일

 **1+경성**

māma
妈妈 엄마

dōngxi
东西 물건

tāmen
他们 그들

zhuōzi
桌子 탁자

경성

4성 이외에 본래의 성조가 변하여 짧고 가볍게 발음해주는 경우가 있는데 이를 **경성**
轻声 이라고 합니다.
경성은 표기를 하지 않거나 모음 위에 ·으로 표기하는데 경성으로 소리를 내는 경우
는 다음과 같습니다.

★ **음이 같거나 뜻이 같은 말이 중복**되어 쓰일 때

māma   xièxie

妈妈 엄마   谢谢 감사하다

★ **뜻이 같은 글자끼리,**   péngyou   朋友 친구

또는 **반대인 글자끼리** 쓰일 때   dōngxi   东西 물건

★ **조사**로 쓰이는 경우   nǐ ne   你呢? 당신은요?

zǒu ba   走吧 갑시다

★ **접미사**로 쓰이는 경우   tāmen   他们 그들

zhuōzi   桌子 의자

2성 연습을 하겠습니다. 잘 듣고 따라하세요!

 **2+1성**

míngtiān 明天 내일　　**zuótiān** 昨天 어제　　**jiéhūn** 结婚 결혼하다

 **2+2성**

Hánguó 韩国 한국　　**xuéxí** 学习 공부하다　　**yínháng** 银行 은행

 **2+3성**

píjiǔ 啤酒 맥주　　**píngguǒ** 苹果 사과　　**cídiǎn** 词典 사전

2+4성

yúkuài 愉快 즐겁다, 유쾌하다　　**xuéyuàn** 学院 학원　　**zázhì** 杂志 잡지

 **2+경성**

érzi 儿子 아들　　**pútao** 葡萄 포도　　**shénme** 什么 무엇

▶▶MP3 〈발음—성조1〉을 마치겠습니다.

발음 성조-2

3성

3성 연습을 하겠습니다. 잘 듣고 따라하세요!

 **3+1성** 

Běijīng	lǎoshī	shǒujī
北京 베이징	老师 선생님	手机 핸드폰

 **3+2성** 

Měiguó	yǒumíng	yǔyán
美国 미국	有名 유명하다	语言 언어

 **3+3성** 

nǐhǎo	shuǐguǒ	shǒubiǎo
你好 안녕하세요!	水果 과일	手表 손목시계

 **3+4성** 

lǐwù	kǎoshì	qǐngzuò
礼物 선물	考试 시험	请坐 앉으세요!

 **3+경성** 

jiějie	zǎoshang	wǎnshang
姐姐 언니, 누나	早上 아침	晚上 저녁

 반3성

3성 뒤에 제 1, 2, 4성 및 경성이 오면 3성의 발음 부분 중 내려가는 앞부분 ＼만을 소리내는데 이것을 **반 3성**이라고 합니다.

 3성의 성조 변화

제 3성 뒤에 3성이 연이어 올 경우, 발음상의 편의를 위해 **앞의 3성은 2성으로** 변합니다. 그러나 **표기는 그대로 3성으로** 하고 **발음만 2성으로** 해줍니다.

3성이 연이어 3개 이상 연이어 올 경우, 문맥에 따라 구분해서 끊어 읽어주면 됩니다.

4성

4성 연습을 하겠습니다. 잘 듣고 따라하세요!

 **4+1성**

dàngāo
蛋糕 케이크

chànggē
唱歌 노래하다

jiànkāng
健康 건강

 **4+2성**

dàxué
大学 대학

liàxí
练习 연습

wèntí
问题 문제

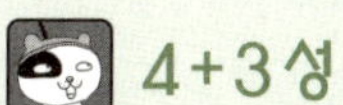 **4+3성**

hànyǔ
汉语 중국어

diànyǐng
电影 영화

Rìběn
日本 일본

 **4+4성**

fàndiàn
饭店 호텔

diànhuà
电话 전화

jièshào
介绍 소개하다

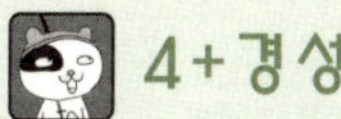 **4+경성**

kuàizi
筷子 젓가락

bàba
爸爸 아버지

dìdi
弟弟 남동생

3글자 이상의 단어들입니다. 잘 듣고 따라하세요!

rénmínbì
人民币 인민폐

zìxíngchē
自行车 자전거

xǐshǒujiān
洗手间 화장실

zhàoxiàngjī
照相机 카메라

gōnggòng qìchē
公共汽车 버스

bǎihuò dàlóu
百货大楼 백화점

gōngyòng diànhuà
公用电话 공중전화

kěkǒu kělè
可口可乐 코카콜라

xīngbākè kāfēi
星巴克咖啡 스타벅스 커피

중국어에서는 외래어를 표기할 때 뜻과는 관계없이 비슷한 음을 가진 한자를 빌려와서 표기합니다.

성조의 변화

不의 성조변화

不 bù 는 원래 4성이지만 4성 앞에서는 **2성** bú 로 변합니다.

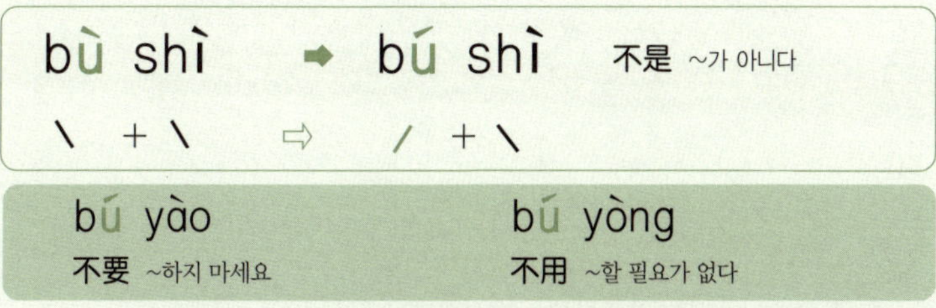

bù shì ➡ bú shì   不是 ~가 아니다

\ + \   ⇨   / + \

bú yào   bú yòng

不要 ~하지 마세요   不用 ~할 필요가 없다

一의 성조변화

1. 一 yī 는 원래 1성이지만 뒤에 4성이나 4성이 변한 경성이 올 경우, **2성** yí 로 변합니다.

yī dìng ➡ yí dìng   一定 반드시

— + \   ⇨   / + \

yí ge
一个 한 개

2. 뒤에 1·2·3성이 올 경우, **4성** yì 로 변합니다.

yì tiān   yì zhí   yì diǎnr

\ + —   \ + /   \ + ∨

一天 하루   一直 똑바로   一点儿 조금

3. 연도나 달, 서수를 나타낼 때는 **그대로 1성** yī 로 발음합니다.

yī yuè   dì yī cì

一月 1월   第一次 첫번째

 ## 형용사의 중첩

일부 형용사는 **중첩**두번 반복하여 부사로 쓰이는 경우, 두번째 음절의 성조가 원래의 성조
와 상관없이 **1성**으로 변하고, 소리는 **얼화** 儿化가 이루어집니다.

mànmānr 慢慢儿 천천히　　　　　　hǎohāor 好好儿 아주, 잘

 ## 얼화 儿化

명사 뒤에 儿 ér을 붙여 **발음이 변화하는** 것을 말하며 표기는 마지막 음절 뒤에 −r만 써
주면 됩니다. 특별한 의미는 없고, 작고 귀여우며 친숙한 것을 부를 때, 또는 습관적으로
쓰는데 베이징 일대의 지방에 나타나는 특징입니다. 발음하는 방법은 다음과 같습니다.

★ 마지막 모음이 **-a, -o, -e, -u** 로 끝날 때는 ㅓ −ㄹ 음만 첨가됩니다.

huār 花儿 꽃

★ 마지막 모음이 **-ai, -ei, -n, -ng** 로 끝날 때는 **-i** 나 **-n, -ng** 음이 탈락되면서 ㅓ −ㄹ
음만 첨가됩니다.

nánháir 男孩儿 남자아이　　　　　　**wánr** 玩儿 놀다
묵음　　　　　　　　　　　　　　　　　묵음

★ 마지막 모음이 **-i, -ü** 로 끝날 때는 **-er** −얼 음이 첨가됩니다. 또한 **-in, -ing** 로 끝날 때
는 **-n, -ng** 음이 탈락되면서 **-er** −얼 음이 첨가됩니다.

shuǐr 水儿 물, 즙 　　　　　　**xìnr** 信儿 편지 
묵음

▶▶MP3 〈발음─성조2〉를 마치겠습니다.

한어 병음

중국어의 음절은 성모와 운모로 구성되어 있습니다. 성모란 우리말의 **자음**과 같은 것으로 발음 부위와 방법에 따라 나눌 수 있으며 모두 21개로 이루어져 있습니다.

발음의 한글표기는 이해를 돕기 위해 원음에 가깝게 표기했을 뿐 실제음이 아닙니다.
MP3나 TAPE을 통해 정확히 익히도록 하세요!

순음	b 뽀 ㅂ,ㅃ	p 포 ㅍ	m 모 ㅁ	f 포 ㅍ
설첨음	d 떠 ㄷ,ㄸ	t 터 ㅌ	n 너 ㄴ	l 러 ㄹ
설근음	g 꺼 ㄱ,ㄲ	k 커 ㅋ	h 허 ㅎ	
설면음	j 지 ㅈ	q 치 ㅊ	x 시 ㅅ	
권설음	zh 즈 ㅈ	ch 츠 ㅊ	sh 스 ㅅ	r 르 ㄹ
설치음	z 쯔 ㅈ,ㅉ	c 츠 ㅊ	s 쓰 ㅅ,ㅆ	

운모 韵母

운모란 우리말의 **모음**과 같은 것으로 16개의 일반운모와 22개의 결합운모로 이루어져 있습니다.

일반운모

성모와 결합하지 않고 항상 단독으로 쓰이며, 때로는 단어 끝에 붙어서 발음변화를 일으키는데 이 현상을 얼화儿化라고 합니다.

표기법

i가 단독으로 음절을 구성할때는 **yi** 라고 표기합니다.

u가 단독으로 음절을 구성할때는 **wu** 라고 표기합니다.

ü가 단독으로 음절을 구성할때는 **yu** 라고 표기하고 앞에 성모 **j, q, x** 가 오면 위의 두 점은 생략해서 씁니다.

ü ⇨ yu   q + ü ⇨ qu   x + ü ⇨ xu

결합운모   i, u, ü 뒤에 다른 모음이 결합하여 만들어집니다.

i 와 결합운모

| ia 이아 | ie 이에 | iao 이아오 | ian 이앤 |
| iang 이앙 | in 인 | ong 이옹 | iou 이오우 |

u와 결합운모

| ua 우아 | uo 우오 | uai 우아이 | uei 우에이 |
| uan 우안 | uang 우앙 | uen 우언 | ueng 우엉 |

ü와 결합운모

| üan 위앤 | üe 위에 | ün 윈 |

표기법

i로 음절이 시작될 경우, i를 y로 바꾸어 표기합니다.

iao → yao

iou는 앞에 성모가 오면 가운데 o가 없어지고 -iu라고 표기합니다.

j + iou ⇨ jiu

u로 음절이 시작될 경우, u를 w로 바꾸어 표기합니다.

ua → wa

uei, uen는 앞에 성모가 오면 가운데 e가 없어지고 -ui, -un이라고 표기합니다.

c + uen ⇨ cun

ü로 음절이 시작될 경우, yu로 바꾸어 표기하고 앞에 성모 j, q, x 가 오면 ü 위의 두 점은 생략해서 씁니다.

üan → yuan

지금부터 본격적으로 본문 강의에 들어 갑니다.
발음편이 어려우신 분들은 여기부터 바로 시작해도 상관없습니다.
먼저, MP3와 TAPE를 열심히 듣고 이후에 책으로 확인하세요~

01 과
你好!
안녕하세요!

니 하오
你好!
Nǐ hǎo

니 하오 마
你好吗?
Nǐ hǎo ma

워 헌하오 니 너
我很好。你呢?
Wǒ hěn hǎo Nǐ ne

워 예 헌하오 시에시에
我也很好，谢谢。
Wǒ yě hěn hǎo xièxie

니 쮀이진 망 마
你最近忙吗?
Nǐ zuìjìn máng ma

워 부타이 망
我不太忙。
Wǒ bú tài máng

01과 인사

▶ 안녕하세요!

▷ 잘 지내십니까?

▶ 잘 지냅니다. 당신은요?

▷ 저도 잘 지냅니다. 고맙습니다.

▶ 요즘 바쁘십니까?

▷ 그다지 바쁘지 않습니다.

단어

你	nǐ	너, 당신 인칭대명사	好	hǎo	좋다, 잘 지내다
吗	ma	~까? 의문조사	我	wǒ	나
很	hěn	매우, 아주	呢	ne	~는요? 의문조사
也	yě	또한 ~역시	谢谢	xièxie	감사하다
最近	zuìjìn	요즘, 최근	忙	máng	바쁘다
不	bù	~가 아니다	太	tài	매우, 아주

❶ 처음 만나는 사람, 친한 사이, 모두에게 쓸 수 있는 가장 일반적인 인사말입니다.

단어

▶ 你 nǐ
너 2인칭대명사

▶ 好 hǎo
좋다, 잘지내다
형용사

❷ 이미 아는 사이에 **안부를 묻는 인사말**, 처음 만난 사람에게는 쓰지 않습니다.
문장 **끝**에 우리말의 ~까?에 해당하는 의문조사 **吗** ma 를 쓰면 의문문이 됩니다.

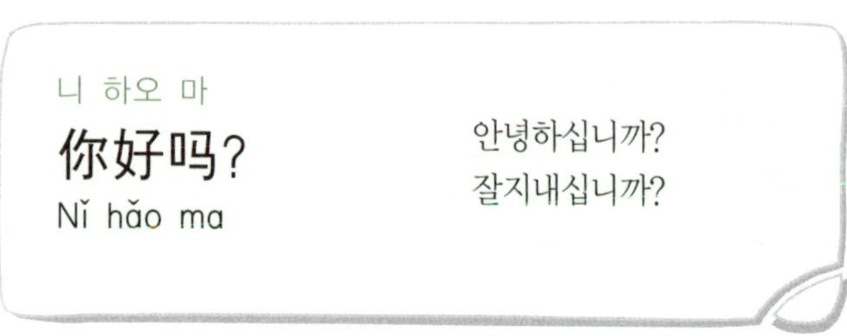

❸ 你好吗에 대한 대답, 영어의 I'm fine, thank you.와 같습니다.

很 hěn 은 형용사 앞에서 **매우, 아주**라는 뜻. 형용사가 혼자 쓰일 때는 의례적으로 써줍니다.

단어

▸ 谢谢 xièxie
감사하다

워 헌 하오 시에시에
我很好，谢谢。
Wǒ hěn hǎo, xièxie

저는 잘 지냅니다,
고맙습니다.

我很忙。　　　　나는 바쁩니다.
Wǒ hěn máng

▸ 也 yě
역시, ~도 또한

我也很忙。　　　　나도 역시 바쁩니다.
Wǒ yě hěn máng

주어 +형용사 문장

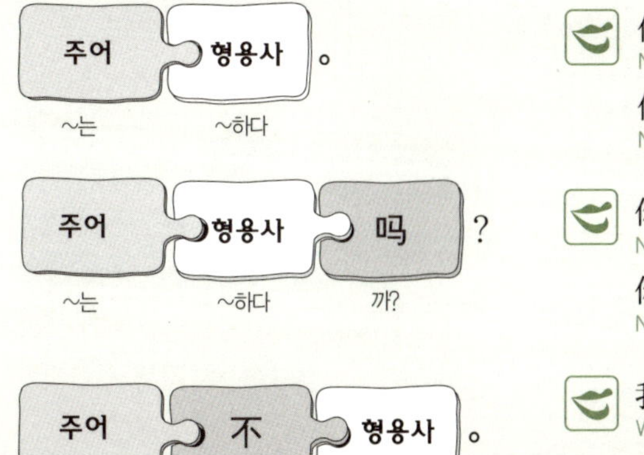

你忙。　　　　당신은 바쁘다.
Nǐ máng

你好。　　　　안녕하세요.
Nǐ hǎo

你忙吗？　　　당신은 바쁩니까?
Nǐ máng ma

你好吗？　　　잘 지내십니까?
Nǐ hǎo ma

我不忙。　　　나는 바쁘지 않다.
Wǒ bù máng

我不好。　　　나는 잘 지내지 못한다.
Wǒ bù hǎo

▸ 형용사란 상태를 나타내는 말
▸ 중국어의 기본 패턴=주어+술어(형용사)　형용사 술어문 : 형용사가 술어로 쓰인 문장

▶ 앞 페이지에 이어서 계속됩니다.

❹ 呢는 문장 끝에 쓰여 간단하게 ~는요? 라는 의문의 뜻을 나타냅니다.

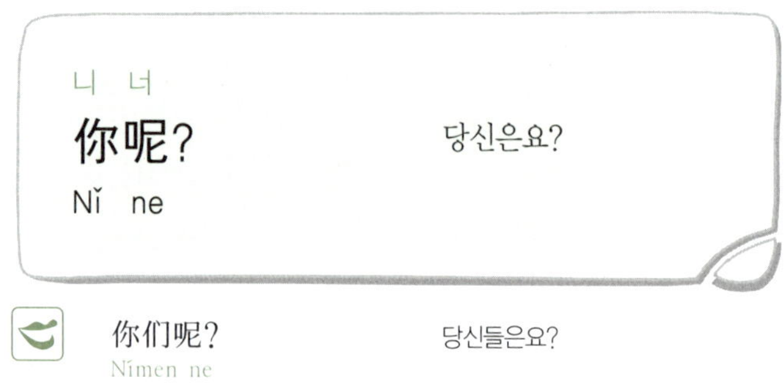

你们呢?　　　당신들은요?
Nǐmen ne

❺ 太tài는 很과 같은 **매우, 아주**라는 뜻입니다. 부정문에서는 **그다지, 별로**라는 뜻으로 쓰입니다.

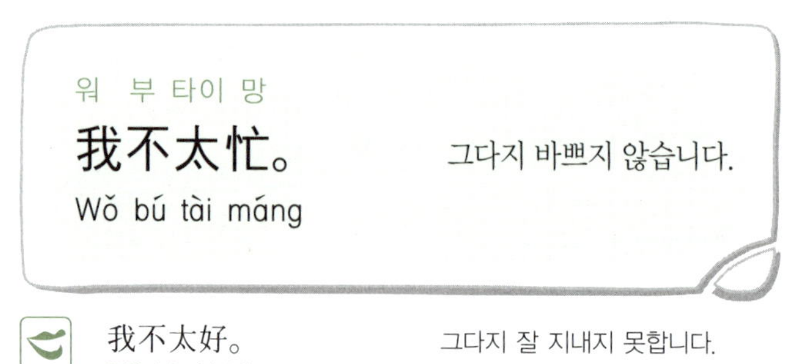

我不太好。　　　그다지 잘 지내지 못합니다.
Wǒ bú tài hǎo

인칭 대명사	1인칭	我 wǒ	나	我们 wǒmen	우리
	2인칭	你 nǐ, 您 nín	너, 당신	你们 nǐmen	너희, 당신들
	3인칭	他, 她, 它 tā	그, 그녀, 그것	他们, 她们, 它们 tāmen	그들, 그녀들, 그것들

▶ 您은 你의 존칭, 们은 복수를 나타내는 어미
▶ 他는 남성, 她는 여성, 它는 사물
▶ 咱们은 말하는 사람과 듣는 사람을 모두 포함하여 우리들이라고 지칭할 때 사용

기타 인사 표현

	아침인사	你早! Nǐ zǎo	안녕하세요!
		早安! Zǎo ān	안녕하세요!
		早上好! Zǎoshang hǎo	안녕하세요!
	점심인사	午安! Wǔ ān	안녕하세요!
	저녁인사	晚上好! Wǎnshang hǎo	안녕하세요!
		晚安! Wǎn ān	안녕히 주무세요! 편안한 밤 되세요!
	헤어질 때 인사	再见! Zàijiàn	다음에 만나요!
		明天见! Míngtiānjiàn	내일 만나요!
		慢走! Mànzǒu	안녕히 가세요! 살펴가세요!

	감사의 인사	谢谢。 Xièxie	감사합니다.	↔	不(用)谢。 Bú yòng xiè	천만에요.
		非常感谢你。 Fēicháng gǎnxiè nǐ	정말 감사합니다.	↔	不客气。 Bú kèqi	천만에요.
	사과의 인사	对不起。 Duì bu qǐ	미안합니다.	↔	没关系。 Méi guānxi	괜찮습니다.

이 과에서 배운 주요 한자를 따라 써 보고 중국어로 읽어보자.

你 nǐ	你	你			
	你 니 너, 당신				

你 니 너, 당신

| 吗
ma | 吗 | 吗 | | | |

嗎 마 ~까? 의문조사

| 们
men | 们 | 们 | | | |

們 문 ~들 복수를 나타내는 접미사

| 谢
xiè | 谢 | 谢 | | | |

謝 사 감사하다

| 师
shī | 师 | 师 | | | |

師 사 스승, 선생

你叫什么名字?

당신의 이름은 무엇입니까?

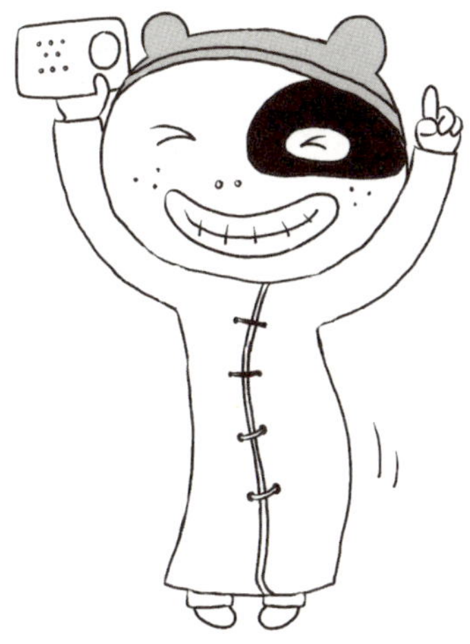

你叫什么名字?

당신의 이름은 무엇입니까?

◉ 교재를 보지 말고 Tape나 MP3를 쭉 한번 들어보자!

니 찌야오 션머　밍즈

你叫什么名字?

Nǐ jiào shénme míngzi

워 찌야오 시야오홍. 닌 꿰이 씽

我叫小红。您贵姓?

Wǒ jiào Xiǎohóng. Nín guì xìng

워 씽 진,　워 찌야오 진 싱시요우

我姓金，我叫金星秀。

Wǒ xìng Jīn, wǒ jiào Jīn xīngxiù

런스 니,　워 헌 까오씽

认识你，我很高兴。

Rènshi nǐ　wǒ hěn gāoxìng

런스 니　워 예 헌 까오씽

认识你，我也很高兴。

Rènshi nǐ　wǒ yě hěn gāoxìng

칭 뚜어뚜어　빵망

请多多帮忙。

Qǐng duōduō bāngmáng

해석

▶ 당신의 이름은 무엇입니까?

▷ 저는 시야오훙이라고 합니다. 당신의 성은 무엇입니까?

▶ 저의 성은 김씨이고 김성수라고 합니다. 만나서 반갑습니다.

▷ 만나서 저 또한 반갑습니다.

▶ 잘 부탁드립니다.

단어

叫 *jiào*	~라고 하다	
名字 *míngzi*	이름	
姓 *xìng*	성, 성씨	
高兴 *gāoxìng*	기쁘다	
多多 *duōduō*	많이	

什么 *shénme*	무엇, 무슨 의문대명사	
贵 *guì*	귀하다	
认识 *rènshi*	알다	
请 *qǐng*	~하세요	
帮忙 *bāngmáng*	돕다, 도와주다	

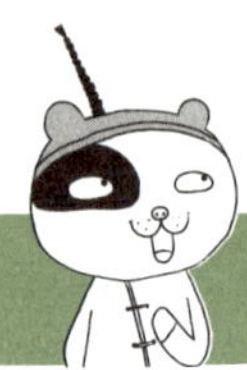

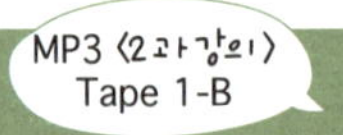

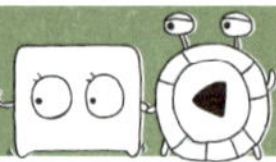

❶ 叫 jiào 는 사람이나 사물의 이름을 말할 때 **~라고 하다, ~라고 부르다**라는 뜻의 동사입니다. **주어+동사**의 순서로 쓰죠.

단어

▸ 小红 Xiǎohóng
시야오홍 사람이름

워 찌야오 시야오홍
我叫小红。
Wǒ jiào Xiǎohóng

저는 시야오홍이라고 합니다.

我叫 ________ 。
Wǒ jiào

나는 _______ (이)라고 합니다.

吉用 Jíyòng	길용
玛丽 Mǎlì	당신들
○○○	각자 이름

❷ **이름을 묻는 표현**으로 동년배나 나이가 어린사람에게 씁니다.
什么 shénme 는 **무엇, 무슨**이라는 뜻의 의문대명사로, 의문대명사를 쓰는 의문문은 문장 끝에 **吗** ma 를 쓰지 않습니다.

단어

▸ 名字 míngzi
이름

니 찌야오 션머 밍즈
你叫什么名字?
Nǐ jiào shénme míngzi

당신의 이름은 무엇입니까?

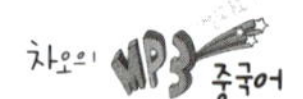

❸ 상대방의 나이가 많거나 사업상 혹은 예의를 갖추어야 할 경우에는 성 앞에 **귀하다** 라는 뜻의 **贵** guì 를 써서 묻습니다.

대답할 때는 **贵**를 빼고 **我姓~** 저의 성은 ~입니다라고 성만 말하거나 **我叫~** 저의 이름은 ~입니다라고 이름까지 말해도 됩니다.

단어

▸ 姓 xìng
성, 성씨

닌 꿰이 씽

您贵姓?

Nín guì xìng

성씨가 어떻게 됩니까?

 我姓王。　　　　나는 왕씨입니다.
Wǒ xìng Wáng

我姓金，我叫金星秀。
Wǒ xìng Jīn, Wǒ jiào Jīn xīngxiù
제 성은 김씨이고 이름은 김성수라고 합니다.

주어 + 동사 문장

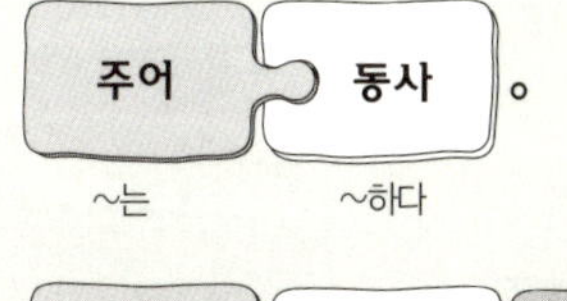

 我叫~。　　　　나는 ~라고 합니다.
Wǒ jiào

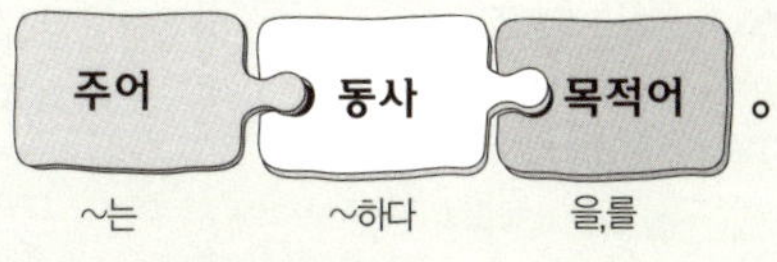

 我爱你。　　　　나는 당신을 사랑합니다.
Wǒ ài nǐ

我认识你。　　　나는 당신을 압니다.
Wǒ rènshi nǐ

▸ 동사란 동작을 나타내는 말
▸ 중국어의 기본 패턴=주어+술어(동사) 동사 술어문 : 동사가 술어로 쓰인 문장

❹ 처음 만났을 때 당신을 알게 되어 기쁩니다, 즉 **만나서 반갑습니다**라는 뜻의 영어의 Nice to meet you.와 같은 인사말입니다.

단어

▶ 认识 rènshi
알다 동사

▶ 高兴 gāoxìng
기쁘다 형용사

런스 니 워 헌 까오씽

认识你, 我很高兴。 만나서 반갑습니다.
Rènshi nǐ   wǒ hěn gāoxìng

▶ 见到 Jiàndào
만나다

见到你, 我很高兴。   만나서 반갑습니다.
Jiàndào nǐ, wǒ hěn gāoxìng

❺ 처음 만난 사이에 **잘 부탁드립니다**라고 말할 때 쓰는 인사말이죠.
请 qǐng 은 문장 맨 앞에서 **~하세요, 하십시오**라는 뜻으로 부탁이나 제안을 할 때 씁니다.

단어

▶ 多多 duōduō
많이

▶ 帮忙 bāngmáng
돕다 동사

칭 뚜어뚜어 빵망

请多多帮忙。   잘 부탁드립니다.
Qǐng duōduō bāngmáng

MP3 ⟨2과기타⟩, Tape 4-B

의 문 대명사	谁 shéi, shuí	누가	什么 shénme	무엇, 무슨
	哪 nǎ	어느	哪儿 nǎr, 哪里 nǎli	어디, 어느곳
	什么时候 shénme shíhou	언제	为什么 wèi shénme	왜
	怎么(样) zěnme(yàng)	어떻게, 어떠한	几 jǐ, 多少 duōshao	몇, 얼마

▶ 물어보고자 하는 부분을 대신해서 묻는 말을 의문 대명사라고 합니다.

去 qù 가다
어디 갑니까?
去哪儿?
Qù nǎr

看 kàn 보다
TV를 보다
看电视。
kàn diànshì

听 tīng 듣다
음악을 듣다
听音乐。
tīng yīnyuè

吃 chī 먹다
밥을 먹다
吃饭。
chī fàn

学 xué 배우다
중국어를 배우다
学汉语。
xué Hànyǔ

开 kāi 열다, 켜다
문을 열다
开门。
kāi mén

穿 chuān 입다
옷을 입다
穿衣服。
chuān yīfu

来 lái 오다
빨리 와!
快来!
Kuài lái

写 xiě 쓰다
편지를 쓰다
写信。
xiě xìn

说 shuō 말하다
말하다
说话。
shuōhuà

喝 hē 마시다
술을 마시다
喝酒。
hē jiǔ

唱 chàng 노래하다
노래하다
唱歌。
chàng gē

坐 zuò 앉다, 타다
앉으세요!
请坐。
Qǐng zuò

走 zǒu 걷다, 가다
갑시다!
走吧!
Zǒu ba

이 과에서 배운 주요 한자를 따라 써 보고 중국어로 읽어보자.

贵 guì	贵	贵			
	貴 귀 귀하다, 비싸다				

认 rèn	认	认			
	認 인 알다				

识 shí	识	识			
	識 식 알다				

请 qǐng	请	请			
	請 청 청하다, ~하세요				

帮 bāng	帮	帮			
	幫 방 돕다, 도와주다				

03과 这是什么?

이것은 무엇입니까?

这是什么?
이것은 무엇입니까?

교재를 보지 말고 Tape나 MP3를 쭉 한번 들어보자 !

쩌 스 션머
这是什么?
Zhè shì shénme

쩌 스 슈
这是书。
Zhè shì shū

나 예 스 슈 마
那也是书吗?
Nà yě shì shū ma

나 부스 슈,　스 비지번 띠앤나오
那不是书，是笔记本电脑。
Nà bú shì shū,　shì　bǐjìběn diànnǎo

나 스 니 더 비지번 띠앤나오 마
那是你的笔记本电脑吗?
Nà shì nǐ de　bǐjìběn diànnǎo ma

나 부스 워 더,　스 워 띠띠 더
那不是我的，是我弟弟的。
Nà bú shì wǒ de,　shì wǒ　dìdi de

03과 사물

▶ 이것은 무엇입니까?

▷ 이것은 책입니다.

▶ 저것도 책입니까?

▷ 저것은 책이 아닙니다. 노트북 컴퓨터입니다.

▶ 저것은 당신의 노트북 컴퓨터입니까?

▷ 저것은 나의 것이 아닙니다.
　내 남동생의 것입니다.

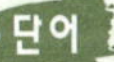

단어

这 zhè	이, 이것 지시대명사	是 shì	～이다
书 shū	책	那 nà	저, 저것 지시대명사
笔记本 bǐjìběn	노트북	电脑 diànnǎo	컴퓨터
的 de	～의	弟弟 dìdi	남동생

❶ 这 zhè 는 **이것**이라는 뜻으로 나에게 가까이 있는 쪽을 가리키는 지시대명사입니다.
是 shì 는 **~이다**라는 뜻의 동사입니다. 주어의 인칭이나 단·복수, 또는 시제에 따라
변하지 않습니다.

쩌 스 션머
这是什么?
Zhè shì shénme
이것은 무엇입니까?

 那是什么? 저것은 무엇입니까?
Nà shì shénme

MP3 <3과기타>, Tape 4-B

지시대명사	这 zhè	이, 이것, 이사람	那 nà	저, 저것, 저사람	哪 nǎ	어느것
	这儿 zhèr 这里 zhèli	이쪽, 여기	那儿 nàr 那里 nàli	저쪽, 저기	哪儿 nǎr 哪里 nǎli	어느 쪽, 어디

▶ 这는 일반적으로 나에게 가까운 쪽, 那는 먼 쪽을 가리킬때 사용
▶ 这, 那, 哪는 회화체에서는 주로 zhèi, nèi, něi로 발음

❷ 이것은 ~입니다라는 뜻으로 영어의 **This is~**와 같습니다.

단어
▶ 书 shū
책

쩌 스 슈
这是书。
Zhè shì shū
이것은 책입니다.

 这是 _________ 。
Zhè shì

이것은 _______ 입니다.

笔记本电脑　노트북 컴퓨터
bǐjìběn diànnǎo

电脑　컴퓨터
diànnǎo

手机　핸드폰
shǒujī

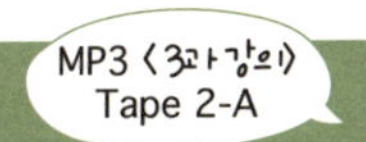

❸ ~이 아닙니다는 동사 **是** 앞에 부정의 뜻을 나타내는 **不** bù를 붙여서 **不是**이라고 합니다.

나 부 스 슈
那不是书。　　　　저것은 책이 아닙니다.
Nà bú shì shū

那不是书, 是笔记本电脑。
Nà búshì shū shì bǐjìběn diànnǎo

저것은 책이 아니라 노트북 컴퓨터입니다.

是가 들어 가는 문장

那是书。　　　이것은 책입니다.
Nà shì shū

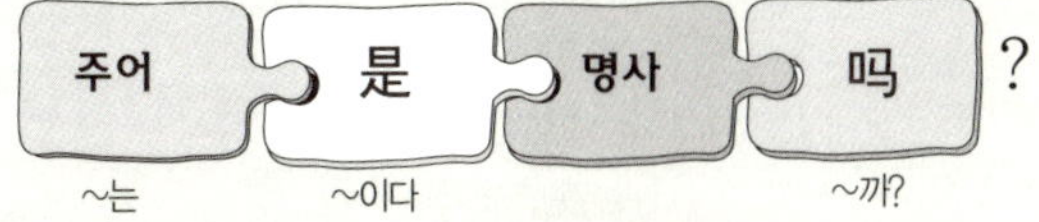

那是书吗?　　저것은 책입니까?
Nà shì shū ma

那也是书吗?　저것도 책입니까?
Nà yě shì shū ma

那不是书。　　저것은 책이 아닙니다.
Nà búshì shū

▶ 앞 페이지에 이어서 계속됩니다.

❹ 的 de는 ~의라는 뜻으로 수식하는 말과 수식 받는 말 사이에 쓰입니다.

> 나 스 니 더 　 비지번 띠앤나오 마
> ## 那是你的笔记本电脑吗?
> Nà shì nǐ de　bǐjìběn diànnǎo ma
> 저것은 당신의 노트북 컴퓨터입니까?

 这是我的书。　　　　　이것은 나의 책입니다.
Zhè shì wǒ de shū

 那是你的笔记本电脑。　저것은 당신의 노트북 컴퓨터입니다.
Nà shì nǐ de bǐjìběn diànnǎo

❺ 的는 ~의라는 뜻 외에 뒤에 명사가 생략되면 ~의 것, ~하는 것이라는 뜻으로도 쓰입니다.

단어

▶ 弟弟 dìdi
남동생

> 나 부 스 워 더 　 스 워 띠디 더
> ## 那不是我的, 是我弟弟的。
> Nà bú shì wǒ de,　shì wǒ dìdi de
> 저것은 나의 것이 아니라 내 남동생의 것입니다.

我的	나의 것	你的	당신의 것
wǒ de		nǐ de	
他的	그의 것	我妈妈的	내 엄마의 것
tā de		wǒ māma de	

 这是我的。　　　　이것은 나의 것입니다.
Zhè shì wǒ de

那不是我的, 是他的。
Nà búshì wǒ de, shì tā de
저것은 나의 것이 아니라 그의 것입니다.

사물의 명칭

这是 ______________ 。
zhè shì

이것은 ～입니다.

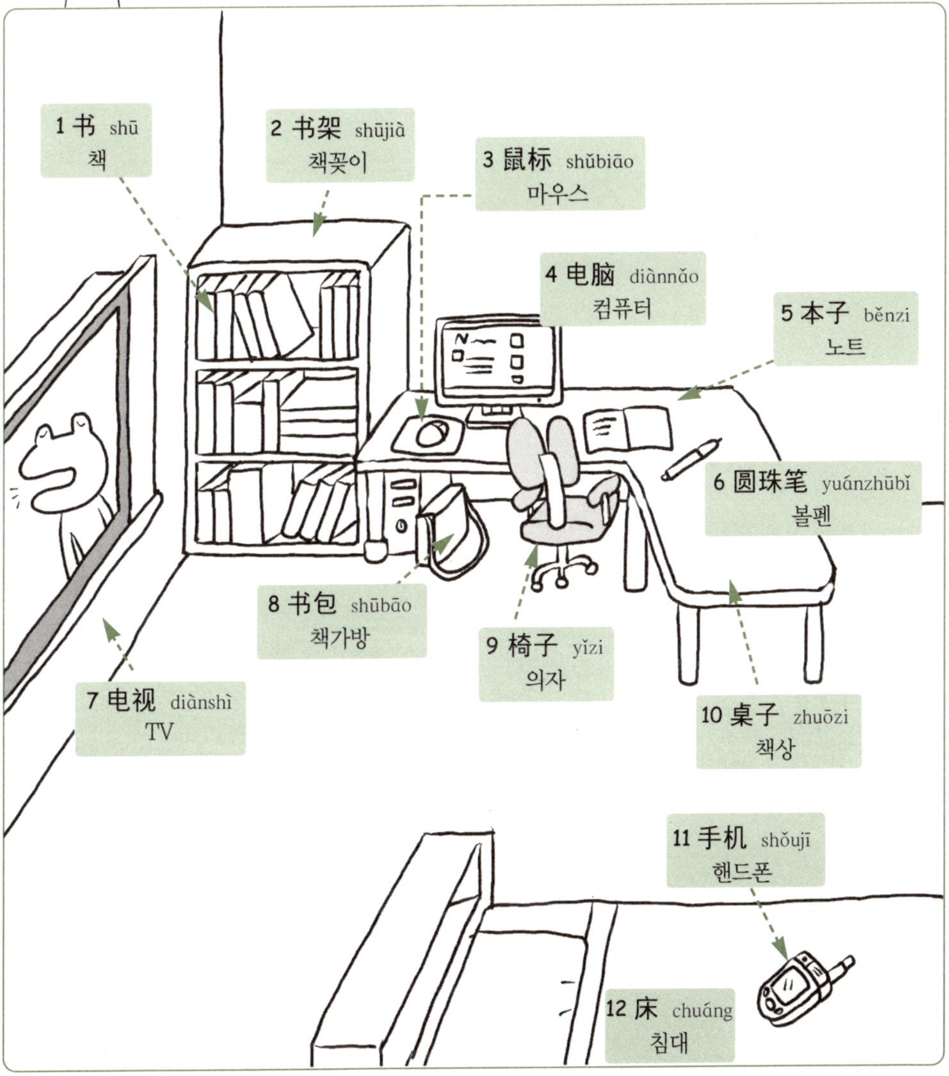

이 과에서 배운 주요 한자를 따라 써 보고 중국어로 읽어보자.

这 zhè	这	这			
	這 저 이, 이것				
书 shū	书	书			
	書 서 책				
笔 bǐ	笔	笔			
	筆 필 붓				
电 diàn	电	电			
	電 전 전기				
脑 nǎo	脑	脑			
	腦 뇌 뇌, 두뇌				

04과 你是哪国人?
당신은 어느 나라 사람입니까?

你是哪国人?

당신은 어느 나라 사람입니까?

교재를 보지 말고 Tape나 MP3를 쭉 한번 들어보자!

니 스 나구어런
你是哪国人?
Nǐ shì nǎ guó rén

워 스 쫑구어런　　니 스 부 스 쫑구어런
我是中国人。你是不是中国人?
Wǒ shì Zhōngguórén. Nǐ shì bu shì Zhōngguórén

부 스,　워 스 한구어런
不是，我是韩国人。
Bú shì,　wǒ shì Hánguórén

타 스 셰이
他是谁?
Tā shì shéi

타 스 워 더 펑요우
他是我的朋友。
Tā shì wǒ de péngyou

타 스 한구어런 하이스 쫑구어런
他是韩国人还是中国人?
Tā shì Hánguórén háishi Zhōngguórén

타 예 스 한구어런
他也是韩国人。
Tā yě shì Hánguórén

04과 국적

- ▶ 당신은 어느 나라 사람입니까?
- ▷ 나는 중국사람입니다. 당신은 중국사람입니까?
- ▶ 아닙니다, 나는 한국사람입니다.
- ▷ 그는 누구입니까?
- ▶ 그는 나의 친구입니다.
- ▷ 그는 한국사람입니까, 아니면 중국사람입니까?
- ▶ 그도 역시 한국사람입니다.

哪 nǎ	어느 의문대명사	国 guó	나라
人 rén	사람	中国人 Zhōngguórén	중국인, 중국사람
韩国人 Hánguórén	한국인, 한국사람	谁 shéi	누구 의문대명사
朋友 péngyou	친구	还是 háishi	또는, 아니면

① ~입니다라는 뜻의 是shì을 써서 나는 ~입니다는 我是~。이라고 합니다.

단어

▶ 韩国 Hánguó
한국

▶ 韩国人 Hánguórén
한국사람

我是 __________ 。
Wǒ shì

나는 _________ 입니다.

中国人　중국사람
Zhōngguórén

日本人　일본사람
Rìběnrén

② 哪nǎ 는 어느, 어디라는 뜻의 의문대명사입니다.
의문대명사를 쓰는 의문문은 문장 끝에 吗 ma 를 쓰지 않습니다.

단어

▶ 国 guó
나라

▶ 人 rén
사람

❸ 술어형용사 or 동사의 긍정형과 부정형을 **긍정+부정**의 순서로 나열하여 의문문을 만들 수 있는데 이러한 의문문을 **반복의문문**이라고 합니다.

니 스 부스 쫑구어런
你是不是中国人?
Nǐ shì bu shì Zhōngguórén

당신은 중국사람입니까, 아닙니까?

 你忙不忙?　당신은 바쁩니까, 바쁘지 않습니까?
Nǐ máng bu máng

 你去不去?　당신은 갑니까, 가지 않습니까?
Nǐ qù bu qù

단어

▸ 去 qù
가다

❹ 답이 될 수 있는 두 개의 상황 AB 중 하나를 선택하여 대답하게 할 때 접속사 ~**아니면**에 해당하는 還是 háishì로 연결하여 의문문을 만듭니다.

타 스 한구어런 하이스 쫑구어런
他是韩国人还是中国人?
Tā shì Hánguórén háishi Zhōngguórén

그는 한국사람입니까, 아니면 중국사람입니까?

단어

▸ 学生 xuésheng
학생

▸ 老师 lǎoshī
선생님

▸ 喝 hē
마시다

▸ 咖啡 kāfēi
커피

▸ 茶 chá
차

 你是学生还是老师?
Nǐ shì xuésheng háishi lǎoshī

당신은 학생입니까, 아니면 선생님입니까?

 你喝咖啡还是喝茶?
Nǐ hē kāfēi háishi hē chá

당신은 커피를 마시겠습니까, 아니면 차를 마시겠습니까?

▶ ▶ 앞 페이지에 이어서 계속됩니다.

의문문

吗 를 쓰는 의문문

你是韩国人吗?　당신은 한국사람입니까?
Nǐ shì Hánguórén ma

你是中国人吗?　당신은 중국사람입니까?
Nǐ shì Zhōngguórén ma

의문대명사를 사용하는 의문문

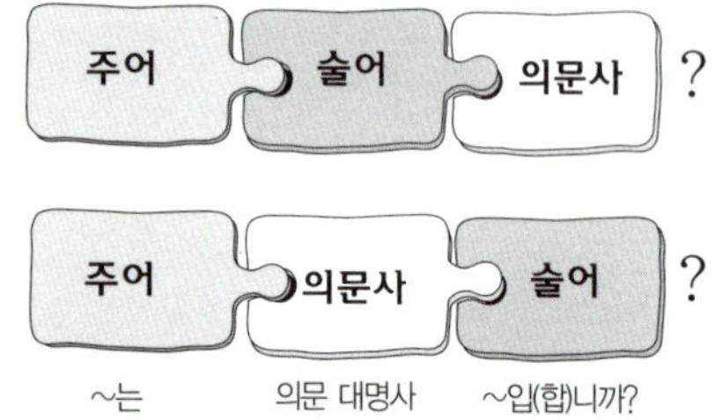

你是哪国人?　　당신은 어느 나라 사람입니까?
Nǐ shì Nǎ guó rén

他是谁?　　그는 누구입니까?
Tā shì shéi

呢 를 쓰는 의문문

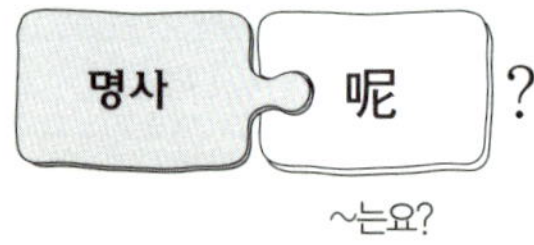

我很好。你呢?　저는 잘 지냅니다. 당신은요?
Wǒ hěn hǎo. Nǐ ne

반복 의문문

你是不是中国人?　당신은 중국사람입니까?
Nǐ shì bu shì Zhōngguórén

선택 의문문

他是韩国人还是中国人?
Tā shì Hánguórén háishi Zhōngguórén
그는 한국사람입니까, 아니면 중국사람입니까?

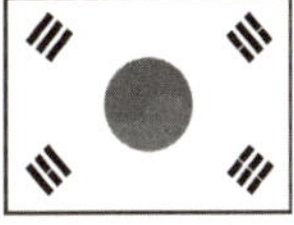

韩国 한국
Hánguó

韩国人 한국사람
Hánguórén

韩语 한국어
Hányǔ

日本 일본
Rìběn

日本人 일본사람
Rìběnrén

日语 일본어
Rìyǔ

中国 중국
Zhōngguó

中国人 중국사람
Zhōngguórén

汉语 중국어
Hànyǔ

美国 미국
Měiguó

美国人 미국사람
Měiguórén

英语 영어
Yīngyǔ

英国 영국
Yīngguó

英国人 영국사람
Yīngguórén

英语 영어
Yīngyǔ

法国 프랑스
Fǎguó

法国人 프랑스 사람
Fǎguórén

法语 프랑스어
Fǎyǔ

德国 독일
Déguó

德国人 독일 사람
Déguórén

德语 독일어
Déyǔ

西班牙 스페인
Xībānyá

西班牙人 스페인 사람
Xībānyárén

西班牙语 스페인어
Xībānyáyǔ

이 과에서 배운 주요 한자를 따라 써 보고 중국어로 읽어보자.

韩 Hán	韩	韩			
	韓 한 나라이름 한국				

国 guó	国	国			
	國 국 나라				

谁 shéi	谁	谁			
	誰 수 누구 의문사				

还 hái	还	还			
	還 환 아직, 여전히				

学 xué	学	学			
	學 학 배우다				

해석

▶ 당신 집은 몇 식구입니까?

▷ 우리 집은 다섯식구입니다.

▶ 당신 가족은 어떤 사람들이 있습니까?

▷ 아빠, 엄마, 오빠, 언니 그리고 저입니다. 당신 집은요?

▶ 우리 집은 네 식구입니다.

▷ 당신은 여동생이 있습니까?

▶ 없습니다. 나는 남동생이 한 명 있습니다.

단어

家 jiā	집	有 yǒu	~이 있다
几 jǐ	몇 의문대명사	口 kǒu	~식구 양사
五 wǔ	다섯, 5	都 dōu	모두
爸爸 bàba	아빠, 아버지	妈妈 māma	엄마, 어머니
哥哥 gēge	오빠, 형	姐姐 jiějie	언니, 누나
和 hé	~과, ~와	四 sì	넷, 4
妹妹 mèimei	여동생	没 méi	~가 아니다
一 yī	하나, 1	个 ge	~개, ~명 양사

❶ 有 yǒu 는 ~이 있다라는 뜻으로 소유의 의미를 나타내는 동사입니다.

几 jǐ 는 몇, 얼마라는 뜻의 수량을 묻는 의문대명사로, 10이하의 적은 수를 물을 때 사용합니다.

단어

▶ 家 jiā
집

니 지아 요우 지 코우 런

你家有几口人?　　당신 집은 몇 식구입니까?
Nǐ jiā yǒu jǐ kǒu rén

❷ 口 kǒu 는 ~식구라는 뜻으로 식구 수를 셀 때 쓰는 양사입니다.

숫자 + 양사 + 명사의 순서로 씁니다.

워 지아 요우 쓰 코우 런

我家有四口人。　　우리 집은 네 식구가
Wǒ jiā yǒu sì kǒu rén　　있습니다.

　我家有五口人。　　우리 집은 다섯 식구입니다.
　　　Wǒ jiā yǒu wǔ kǒu rén

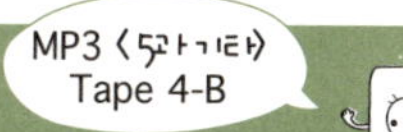

우리말의 일, 이, 삼, 사…와 같다.

숫자 읽기 1~100							
1	一	yī	이	15	十五	shíwǔ	쓰우
2	二	èr	얼	16	十六	shíliù	쓰리유
3	三	sān	싼	17	十七	shíqī	쓰치
4	四	sì	쓰	18	十八	shíbā	쓰빠
5	五	wǔ	우	19	十九	shíjiǔ	쓰지유
6	六	liù	리유	20	二十	èrshí	얼스
7	七	qī	치	30	三十	sānshí	싼스
8	八	bā	빠	40	四十	sìshí	쓰스
9	九	jiǔ	지유	50	五十	wǔshí	우스
10	十	shí	스	60	六十	liùshí	리유스
11	十一	shíyī	스이	70	七十	qīshí	치스
12	十二	shí'èr	스얼	80	八十	bāshí	빠스
13	十三	shísān	스싼	90	九十	jiǔshí	지유스
14	十四	shísì	스쓰	100	一百	yībǎi	이바이

▶ 두 자리 숫자는 각 십의 자리에 해당하는 수에 1~9까지의 숫자를 붙여서 읽는다.

❸ 가족 구성원을 물어보는 표현입니다. **都** dōu 는 **모두**라는 뜻의 부사입니다.

니 지아 또우 요우 션머 런

你家都有什么人?
Nǐ jiā dōu yǒu shénme rén

당신 가족은 모두 누가 있습니까?

你家都有谁? 당신 집은 모두 누가 있습니까?
Nǐ jiā dōu yǒu shéi

❹ 우리말의 ~와, ~과, 영어의 **and**와 같은 역할을 해주는 말이 바로 **和** hé 입니다.
세 단어 이상을 나열할 때는 제일 마지막 단어 앞에만 **和**를 써주고 다른 단어 사이에는
모점 、 을 붙여줍니다.

빠바   마마   꺼거   지에제 허 워

爸爸、妈妈、哥哥、姐姐和我。
Bàba   māma   gēge   jiějie hé wo

아빠, 엄마, 오빠, 언니 그리고 저입니다.

爸爸、妈妈和我 아빠, 엄마 그리고 나
bàba   māma hé wǒ

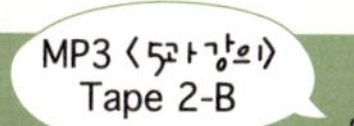

有 가 들어 가는 문장

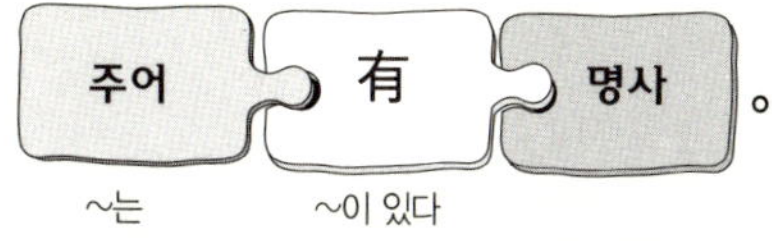

我有弟弟。
Wǒ yǒu dìdi
나는 남동생이 있습니다.

我有妹妹。
Wǒ yǒu mèimei
나는 여동생이 있습니다.

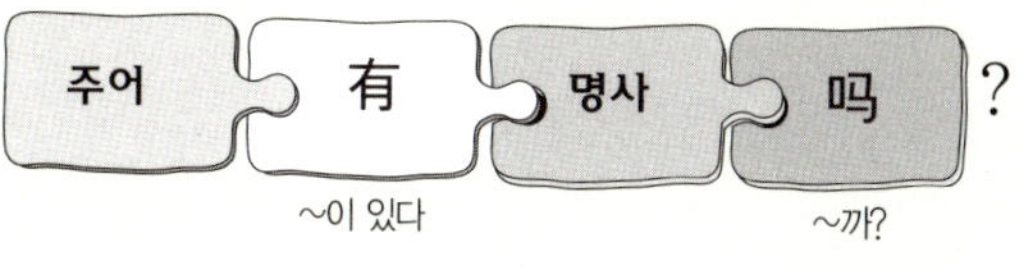

你有妹妹吗?
Nǐ yǒu mèimei ma
당신은 여동생이 있습니까?

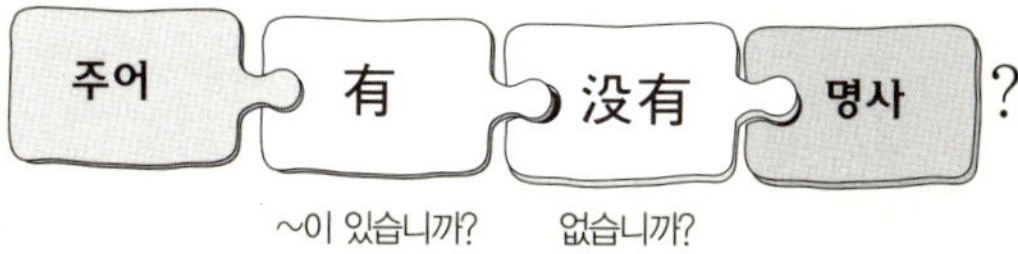

你有没有妹妹?
Nǐ yǒu méiyǒu mèimei
당신은 여동생이 있습니까, 없습니까?

我没有妹妹。
Wǒ méiyǒu mèimei
나는 여동생이 없습니다.

我没有弟弟。
Wǒ méiyǒu dìdi
나는 남동생이 없습니다.

❺ ~가 없다라는 有의 부정은 有 앞에 没를 붙여서 没有라고 합니다.
不有라고 하지 않는 점을 꼭 유의하세요!

단어

▶ 妹妹 mèimei
여동생

워 메이요우 메이메이
我没有妹妹。
Wǒ Méiyǒu MèiMei

나는 여동생이 없습니다.

❻ 사람이나 사물을 셀 때 ~명, ~개와 같이 가장 많이 쓰이는 양사가 个 gè 입니다.
원래 성조는 4성이지만 양사로 쓰일 때는 경성으로 소리 내야 합니다.

단어

▶ 弟弟 dìdi
남동생

워 요우 이 거 띠디
我有一个弟弟。
Wǒ yǒu yí ge dìdi

나는 남동생이 한 명
있습니다.

 我有一个妹妹。
Wǒ yǒu yí ge mèimei

나는 여동생이 한 명 있습니다.

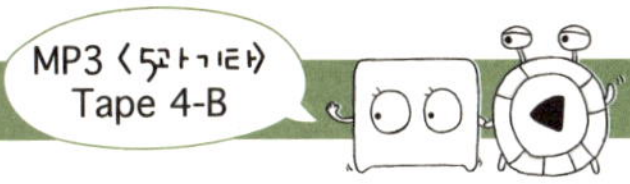

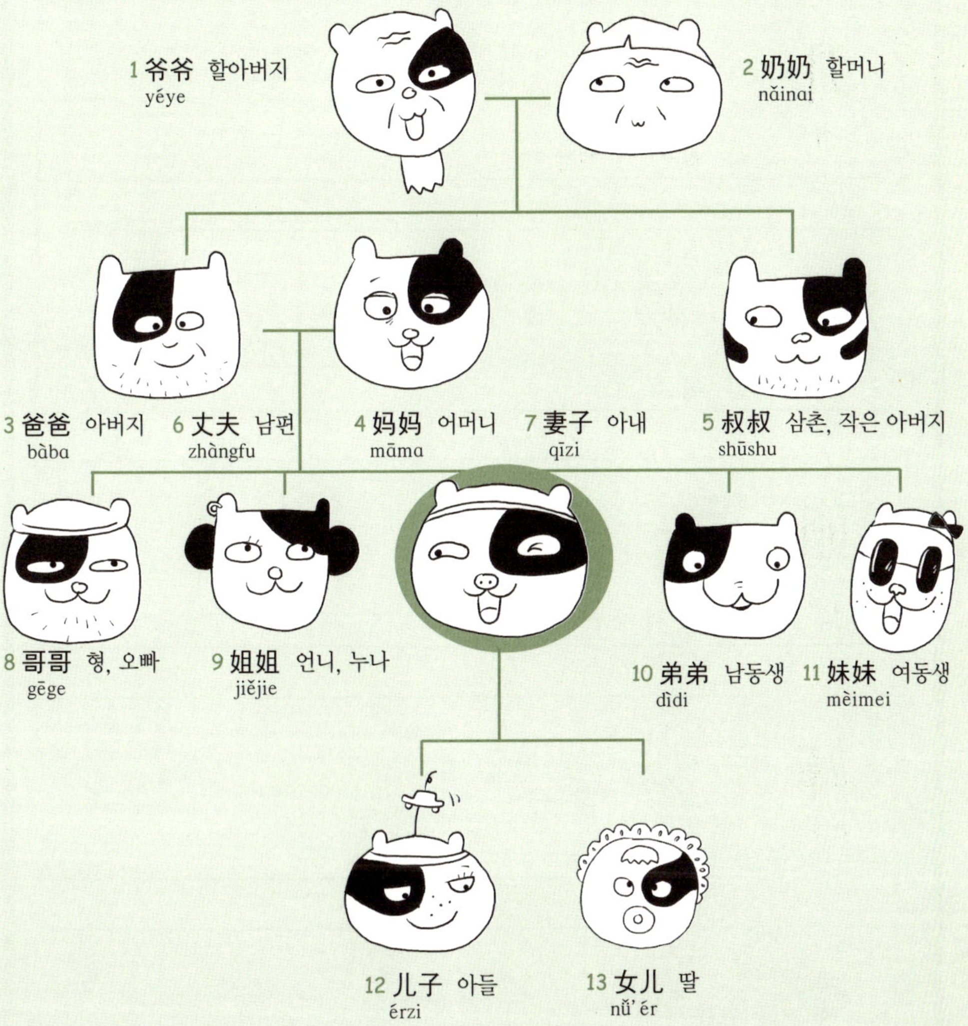

1 爷爷 할아버지
yéye

2 奶奶 할머니
nǎinai

3 爸爸 아버지
bàba

6 丈夫 남편
zhàngfu

4 妈妈 어머니
māma

7 妻子 아내
qīzi

5 叔叔 삼촌, 작은 아버지
shūshu

8 哥哥 형, 오빠
gēge

9 姐姐 언니, 누나
jiějie

10 弟弟 남동생
dìdi

11 妹妹 여동생
mèimei

12 儿子 아들
érzi

13 女儿 딸
nǚ'ér

이 과에서 배운 주요 한자를 따라 써 보고 중국어로 읽어보자.

几 jǐ	几	几			
	幾 기 몇, 얼마				

妈 mā	妈	妈			
	媽 마 엄마				

姐 jiě	姐	姐			
	姐 저 누나, 언니				

妹 mèi	妹	妹			
	妹 매 여동생				

个 gè	个	个			
	個 개 ～개, ～명 양사				

06과 你在哪儿工作?

당신은 어디에서 일합니까?

你在哪儿工作?

당신은 어디에서 일합니까?

🎧 교재를 보지 말고 Tape나 MP3를 쭉 한번 들어보자!

니 쭈오 선머 꽁쭈오

你做什么工作?

Nǐ zuò shénme gōngzuò

워 스 쉬에셩

我是学生。

Wǒ shì xuésheng

니 짜이 나알 쉬에시

你在哪儿学习?

Nǐ zài nǎr xuéxí

워 짜이 베이징 따쉬에 쉬에시

我在北京大学学习。

Wǒ zài Běijīng dàxué xuéxí

니 짜이 나알 꽁쭈오

你在哪儿工作?

Nǐ Zài nǎr gōngzuò

워 짜이 인항 꽁쭈오

我在银行工作。

Wǒ zài yínháng gōngzuò

▶ 당신은 무슨 일을 하십니까?

▷ 나는 학생입니다.

▶ 당신은 어디에서 공부합니까?

▷ 베이징 대학에서 공부합니다.
당신은 어디에서 일합니까?

▶ 나는 은행에서 일합니다.

단어

做 zuò	하다	工作 gōngzuò	일, 일하다
学生 xuésheng	학생	在 zài	~에서, ~에 있다
哪儿 nǎr	어디, 어느 곳	学习 xuéxí	공부하다
北京 Běijīng	베이징 지명	大学 dàxué	대학
银行 yínháng	은행		

❶ 직업을 물을 때는 일반적으로 **하다, 일하다**라는 뜻의 동사 **做** zuò 나 **干** gàn 을 사용합니다.

단어
▶ 工作 gōngzuò
일, 일하다

니 쭈어 션머 꽁쭈어
你做什么工作?
Nǐ zuò shénme gōngzuò
당신은 무슨 일을 합니까?

 你干什么?
Nǐ gàn shénme
무슨 일을 하십니까?

❷ 대답할 때는 **我是~。**을 써서 **나는 ~입니다**라고 직업을 말해주면 됩니다.

워 스 쉬에셩
我是学生。
Wǒ shì xuésheng
나는 학생입니다.

단어
▶ 公司职员 gōngsī zhíyuán
회사원

 我是公司职员。
Wǒ shì gōngsī zhíyuán
나는 회사원입니다.

❸ 직업을 묻는 표현입니다. **在** zài 는 **~에 있다**라는 동사로 쓰이기도 하고 **~에서**라는 개사
전치사로 쓰이기도 합니다.
哪儿 nǎr 는 **어디, 어느 곳**이라는 뜻의 의문대명사입니다.

니 짜이 나알 꽁쭈어
你在哪儿工作?
Nǐ Zài nǎr gōngzuò
어디에서 근무하십니까?

❹ 대답할 때는 在+장소를 나타내는 명사+工作의 순서로 써서 **나는 ～에서 근무합니다**라고 하면 됩니다. 전치사+명사는 일반적으로 동사 앞에 위치합니다.

단어

▶ 银行 yínháng
은행

워 짜이 인항 꽁쭈어
我在银行工作。
Wǒ zài yínháng gōngzuò

나는 은행에서 근무합니다.

▶ 医院 yīyuàn
병원

我在医院工作。
Wǒ zài yīyuàn gōngzuò

나는 병원에서 근무합니다.

在 가 전치사로 쓰이는 문장

在哪儿工作？
Zài nǎr gōngzuò

어디에서 근무합니까?

在银行工作。
Zài yínháng gōngzuò

은행에서 근무합니다.

▶▶ 앞 페이지에 이어서 계속됩니다.

❺ ~에서 ~하다라는 의미를 나타낼 때는 在+장소+동사의 순서로 쓰면 됩니다.

단어

- 北京 Běijīng
  북경
- 大学 dàxué
  대학
- 学习 xuéxí
  공부하다

我在北京大学学习。
Wǒ zài Běijīng dàxué xuéxí

저는 베이징 대학에서 공부합니다.

- 休息 xiūxi
  쉬다
- 食堂 shítáng
  식당
- 吃饭 chīfàn
  밥을 먹다

我在家休息。　　　　나는 집에서 쉽니다.
Wǒ zài jiā xiūxi

我在食堂吃饭。　　　나는 식당에서 밥을 먹습니다.
Wǒ zài shítáng chīfàn

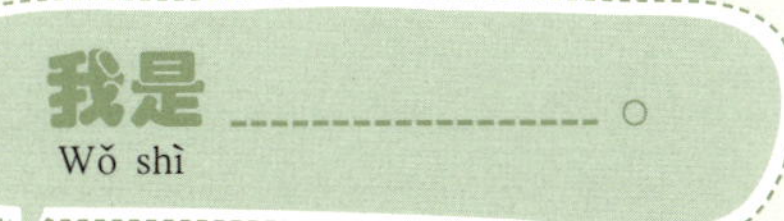

나는 ~입니다.

공무원		간부		노동자	
公务员 gōngwùyuán		**干部** gànbù		**工人** gōngrén	
회사원		교사		의사	
公司职员 gōngsīzhíyuán		**教师** jiàoshī		**医生·大夫** yīshēng dàifu	
간호사		엔지니어		기자	
护士 hùshi		**工程师** gōngchéngshī		**记者** jìzhě	
편집자		운전사		음악가	
编辑 biānji		**司机** sījī		**音乐家** yīnyuèjiā	
화가		디자이너		회사 경영자	
画家 huàjiā		**设计家** shèjìjiā		**公司老板** gōngsī lǎobǎn	
은행원		주부		학생	
银行职员 yínháng zhíyuán		**家庭主妇** jiātíng zhǔfù		**学生** xuésheng	

이 과에서 배운 주요 한자를 따라 써 보고 중국어로 읽어보자.

儿 ér	儿	儿			
兒 아 접미사					

习 xí	习	习			
習 습 배우다, 익히다					

银 yín	银	银			
銀 은 은					

职 zhí	职	职			
職 직 직업, 직무					

医 yī	医	医			
醫 의 의사, 의원					

07과 今天几月几号?

오늘은 몇 월 며칠입니까?

今天几月几号?

오늘은 몇 월 며칠입니까?

🎧 교재를 보지 말고 Tape나 MP3를 쭉 한번 들어보자!

진티앤 지 위에 지 하오
今天几月几号?
Jīntiān jǐ yuè jǐ hào

진티앤 싼 위에 스쓰 하오
今天三月十四号。
Jīntiān sān yuè shísì hào

밍티앤 싱치쓰 마
明天星期四吗?
Míngtiān xīngqīsì ma

부스, 밍티앤 씽치싼
不是, 明天星期三。
Búshì, míngtiān xīngqīsān

니 더 셩르 스 션머 스호우
你的生日是什么时候?
Nǐ de shēngrì shì shénme shíhou

시아거 위에 지요우 하오
下个月九号。
Xià ge yuè jiǔ hào

씽치 지
星期几?
Xīngqī jǐ

씽치티앤
星期天。
Xīngqītiān

07과 날짜·요일

해석

▶ 오늘은 몇 월 며칠입니까?

▷ 오늘은 3월 14일입니다.

▶ 내일은 목요일입니까?

▷ 아닙니다, 내일은 수요일입니다.

▶ 당신의 생일은 언제입니까?

▷ 다음달 9일입니다.

▶ 무슨 요일입니까?

▷ 일요일입니다.

단어

今天 jīntiān	오늘	月 yuè	월
号 hào	일	明天 míngtiān	내일
星期四 xīngqīsì	목요일	星期三 xīngqīsān	수요일
生日 shēngrì	생일	什么时候 shénme shíhou	언제 의문대명사
下个月 xià ge yuè	다음 달	星期 xīngqī	주, 요일
星期天 xīngqītiān	일요일		

❶ 날짜를 물을 때는 **몇**이라는 뜻의 **几** jǐ 뒤에 **월**을 나타내는 **月** yuè, **일**을 나타내는 **号** hào 를 써서 물어봅니다.

단어

▶ 今天 jīntiān
오늘

진티앤 지 위에 지 하오

今天几月几号?
Jīntiān jǐ yuè jǐ hào
오늘은 몇 월 며칠입니까?

❷ 날짜를 말할 때는 우리말과 같이 **0월 0일**로 말합니다. **월**은 **月**라고 하며 **일**은 문서상에서는 **日** rì 라고 하고 일상회화에서는 **号**라고 합니다.
주어 + **명사**만으로 문장을 만들 수 있는데 주로 날짜, 시간, 가격 등을 나타내는 문장에 쓰입니다. 주어와 명사 사이에 **~이다**라는 뜻의 동사 **是**를 넣어도 됩니다.

진티앤 싼 위에 스쓰 하오

今天三月十四号。
Jīntiān sān yuè shísì hào
오늘은 3월 14일입니다.

단어

▶ 明天 míngtiān
내일

 明天三月十五号。
Míngtiān sān yuè shíwǔ hào
내일은 3월 15일입니다.

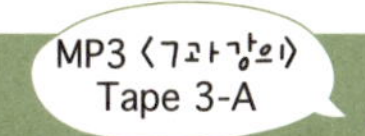

날짜 읽기

연 도	二〇〇七年　　2007년 èr líng líng qī nián	二〇〇八年　　2008년 èr líng líng bā nián

▶ 연도를 읽을 때는 숫자를 하나하나 읽어주고 뒤에 년, 해를 뜻하는 年nián 을 붙여줍니다.
▶ 숫자 0은 零 líng 이라고 읽어줍니다.

월

1월	2월	3월	4월	5월	6월
一月	二月	三月	四月	五月	六月
yīyuè	èryuè	sānyuè	sìyuè	wǔyuè	liùyuè

7월	8월	9월	10월	11월	12월
七月	八月	九月	十月	十一月	十二月
qīyuè	bāyuè	jiǔyuè	shíyuè	shíyīyuè	shí'èryuè

날 짜	五月九日(号)　　5월 9일 wǔ yuè jiǔ rì(hào)	十二月三十一日(号)　　12월 31일 shí'èr yuè sānshíyī rì(hào)

▶ 월을 나타낼 때는 우리말과 같이 1~12까지의 숫자 뒤에 月를 붙여주고 날짜 또한 1~31까지의 숫자 뒤에 号나 日를 붙여 줍니다.

요 일	월요일	화요일	수요일	목요일
	星期一 xīngqīyī	**星期二** xīngqī'èr	**星期三** xīngqīsān	**星期四** xīngqīsì
	금요일	토요일	일요일	
	星期五 xīngqīwǔ	**星期六** xīngqīliù	**星期天 (日)** xīngqītiān(rì)	

▶ 요일을 나타낼 때는 월요일에서 토요일까지는 주를 뜻하는 星期 xīngqī 뒤에 1~6까지의 숫자를 붙이면 됩니다. 단, 일요일은 星期天 또는 星期日 라고 합니다.

▶▶ 앞 페이지에 이어서 계속됩니다.

년 - 월 - 일 - 요일

년, 월, 일, 요일을 나열하는 순서는 우리말과 같습니다.

二零零七年十月三号(星期三) = 2007年10月3日(星期三)
èr líng líng qī nián shí yuè sān hào(xīngqīsān)
2007년 10월 3일 수요일

❸ 요일을 물을 때는 **주**를 의미하는 **星期** xīngqī 뒤에 날짜를 물을 때 썼던 **几**를 붙여서
물어봅니다.

싱치　지
星期几? 무슨 요일입니까?
Xīngqī jǐ

今天星期几? 오늘은 무슨 요일입니까?
Jīntiān xīngqī jǐ

五号星期几? 5일은 무슨 요일입니까?
Wǔ hào xīngqī jǐ

❹ 주어+명사 문장을 의문문으로 물어볼 때는 문장 끝에 **吗**를 붙이면 됩니다.

밍티앤　씽치쓰　마
明天星期四吗? 내일은 목요일입니까?
Míngtiān xīngqīsì ma

⑤ 부정의 뜻을 나타낼 때는 명사 앞에 ～가 아니다라는 뜻의 **不是** búshì 을 써야 합니다.

밍티앤 부스 씽치쓰

明天不是星期四。내일은 목요일이 아닙니다.
Míngtiān búshì xīngqīsì

주어+ 명사 문장

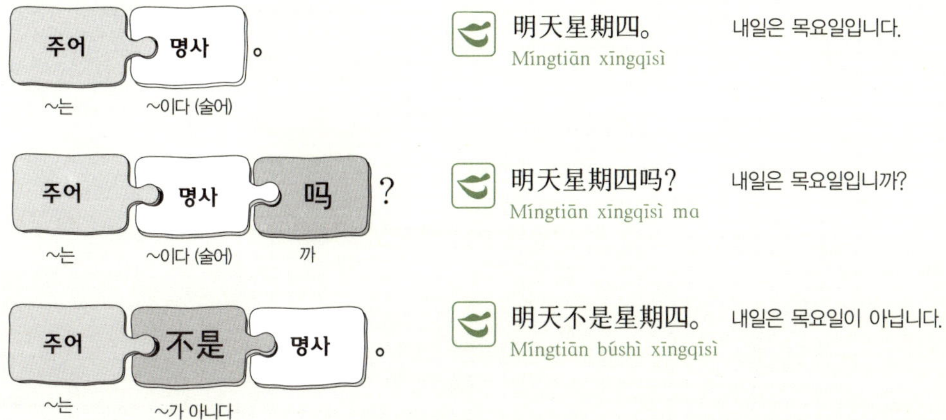

明天星期四。　　　　내일은 목요일입니다.
Míngtiān xīngqīsì

明天星期四吗?　　　내일은 목요일입니까?
Míngtiān xīngqīsì ma

明天不是星期四。　　내일은 목요일이 아닙니다.
Míngtiān búshì xīngqīsì

▶ 주어+술어(명사) 명사 술어문 : 명사가 술어로 쓰인 문장 *주로 날짜·시간·나이·가격 등을 나타내는 문장에 많이 쓰인다

❻ **什么时候** shénme shíhou 는 언제, 어느 때라는 뜻의 영어의 when과 같은 의문대명사입니다.

니 더 셩르 스 션머 스호우
你的生日是什么时候?
Nǐ de shēngrì shì shénme shíhou
당신 생일은 언제입니까?

 你的生日(是)几月几号?
Nǐ de shēngrì shì jǐ yuè jǐ hào
당신 생일은 몇 월 며칠입니까?

我的生日(是)＿＿月＿＿号。
Wǒ de shēngrì shì ＿ yuè ＿ hào
내 생일은 ＿＿ 월 ＿＿ 일입니다.

❼ 지난 주, 지난 달과 같이 **지난**의 뜻을 나타낼 때는 **上** shàng, **이번**의 뜻을 나타낼 때는 **这** zhè, 다음의 뜻을 나타낼 때는 **下** xià 를 씁니다.

시아 거 위에 지요우 하오
下个月九号。   다음 달 9일입니다.
Xià ge yuè jiǔ hào

 上个星期   지난 주
shàng ge xīngqī

这个星期天   이번 주 일요일
zhè ge xīngqītiān

天 tiān 하루	1 前天 qiántiān	2 昨天 zuótiān	3 今天 jīntiān	4 明天 míngtiān	5 后天 hòutiān
	그저께	어제	오늘	내일	모레

星期 주
xīngqī

6 上个星期　지난주
shàng ge xīngqī

7 这个星期　이번주
zhè ge xīngqī

8 下个星期　다음주
xià ge xīngqī

年 년
nián

月 월
yuè

9 上个月　지난 달
shàng ge yuè

10 这个月
zhè ge yuè
이번 달

11 下个月　다음 달
xià ge yuè

13 去年 작년
qùnián

12 前年 재작년
qiánnián

15 明年 내년
míngnián

14 今年 올해
jīnnián

16 后年 후년
hòunián

이 과에서 배운 주요 한자를 따라 써 보고 중국어로 읽어보자.

今 jīn	今	今			
今 금 이제, 지금					

号 hào	号	号			
號 호 ~일					

时 shí	时	时			
時 시 때, 시기					

零 líng	零	零			
零 영 영, 0					

后 hòu	后	后			
後 후 뒤, 후, 다음					

08과
现在几点?
지금은 몇 시입니까?

现在几点?

지금은 몇 시입니까?

시앤짜이 지 디앤
现在几点?
Xiànzài jǐ diǎn

시앤짜이 치 디앤 빤
现在七点半。
Xiànzài qī diǎn bàn

니 지 디앤 샹 커
你几点上课?
Nǐ jǐ diǎn shàng kè

워 지요우 디앤 샹 커
我九点上课。
Wǒ jiǔ diǎn shàng kè

션머 스호우 츠 판
什么时候吃饭?
Shénme shíhou chī fàn

워먼 시앤짜이 취 츠 판, 하오 마
我们现在去吃饭，好吗?
Wǒmen xiànzài qù chī fàn, hǎo ma

하오
好。
Hǎo

08과 시간

▶ 지금은 몇 시입니까?

▷ 지금은 7시 30분입니다.

▶ 당신은 몇 시에 수업을 합니까?

▷ 9시에 수업을 합니다.

▶ 언제 밥을 먹습니까?

▷ 우리 지금 밥 먹으로 가는 것이 어떻습니까?

▶ 좋습니다.

단어

现在 xiànzài	지금, 현재	点 diǎn	~시
半 bàn	반, 절반	上课 shàngkè	수업하다
吃 chī	먹다	饭 fàn	밥
去 qù	가다	...好吗? hǎo ma	~하는 것이 좋습니까?

❶ **몇 시 입니까?**라고 시간을 물어볼 때는 **몇**에 해당하는 **几** jǐ 뒤에 ~시를 나타내는 **点** diǎn
을 써서 **几点**이라고 합니다.

단어

▶ 现在 xiàngzài
현재, 지금

시앤짜이 지 디앤

现在几点?
Xiànzài jǐ diǎn

지금 몇 시입니까?

❷ 시간을 말할 때는 우리말과 같이 **몇 시 몇 분**, 즉 숫자+**点** +숫자+**分**으로 나타냅니다.
우리말에서 30분을 **반**이라고 하는 것처럼 중국어에서도 **半** bàn 이라고 합니다.

시앤짜이 치 디앤 빤

现在七点半。
Xiànzài qī diǎn bàn

지금은 7시 반입니다.

숫자 + 点 diǎn **+ 숫자 + 分** fēn   ~시 ~분

 现在七点三十分。   지금은 7시 30분입니다.
Xiànzài qī diǎn sānshí fēn

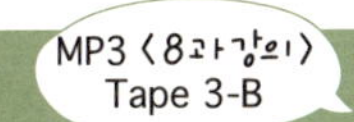

시간 읽기		
1:00 정각 1시 00분	一点整 yī diǎn zhěng	▶ 정각을 나타낼 때는 点 뒤에 整 zhěng 을 붙여줍니다.
3:05 3시 05분	三点零五分 sān diǎn líng wǔ fēn	▶ 10분 미만일 경우에는 01분, 02분과 같이 가운데 0 을 零 líng 이라고 읽어줍니다.
3:10 3시 10분	三点十分 sān diǎn shí fēn	▶ 우리말의 3시 10분과 같이 말합니다.
5:15 5시 15분	五点十五分 wǔ diǎn shíwǔ fēn 五点一刻 wǔ diǎn yí kè	▶ 영어에서 15분을 quarter로 표현하듯이 중국어에 서는 刻 kè 라고 합니다. 15분은 一刻 yí kè 입니다.
7:30 7시 30분 7시 반	七点三十分 qī diǎn sānshí fēn 七点半 qī diǎn bàn	▶ 30분 이라고 하기도 하고 반이라고 말하기도 있습니다. 절반을 나타내는 半 bàn 을 써서 표현합니다.
9:45 9시 45분 10시 15전	九点四十五分 jiǔ diǎn sìshí wǔ fēn 九点三刻 jiǔ diǎn sān kè 差一刻十点 chà yí kè shí diǎn	▶ 45분은 三刻 sān kè 라고 읽을 수도 읽고 ~분 전 이 라는 뜻의 差 chà를 이용해서~시 15분 전이라 고 표현할 수 있습니다.
9:55 9시 55분 10시 5분 전	九点五十五分 jiǔ diǎn wǔshí wǔ fēn 差五分十点 chà wǔ fēn shí diǎn	▶ ~분 전이라는 뜻의 差 chà를 이용해서 ~시 5분 전 이라고 표현할 수 있습니다.

❸ 시간을 나타내는 **명사**는 문장 안에서 주어나 술어 또는 관형어, 부사어 등으로 쓰일 수 있습니다. **몇시에**와 같이 부사어로 쓰일 때는 주어 앞에 쓰일 수도 있고 주어와 동사 사이에 쓰일 수도 있습니다. 대답할 때도 그에 해당하는 시간을 그 자리에 그대로 써주면 됩니다. **几点** 대신에 언제라는 뜻의 **什么时候**를 써도 됩니다.

단어

▶ 上课 shàngkè
수업하다

니 지 디앤 샹 커
你几点上课?
Nǐ jǐ diǎn shàng kè

당신은 몇 시에
수업을 합니까?

▶ 吃饭 chī fàn
밥을 먹다

你什么时候吃饭?
Nǐ shénme shíhou chī fàn

당신은 언제 밥을 먹습니까?

我七点吃饭。
Wǒ qī diǎn chī fàn

나는 7시에 밥을 먹습니다.

시간을 나타내는 문장

。

我九点上课。 나는 9시에 수업을 합니다.
Wǒ jiǔ diǎn shàngkè

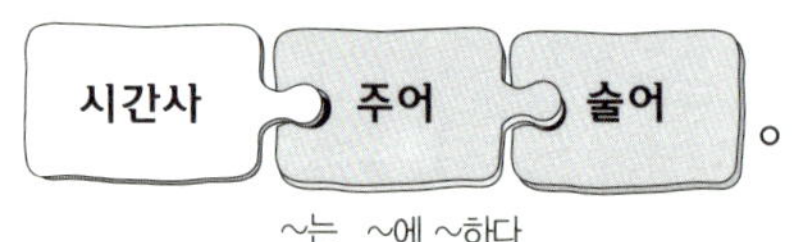

。

~는 ~에 ~하다

九点我上课。 나는 9시에 수업을 합니다.
Jiǔ diǎn wǒ shàngkè

❹ 중국어에서는 하나의 주어가 여러 개의 동사를 가질 수 있습니다. 동사 그대로 시간의 흐름에 따라 먼저 일어나는 순서대로 쓰면 됩니다.

단어

▸ 看 kàn
보다
▸ 电影 diànyǐng
영화

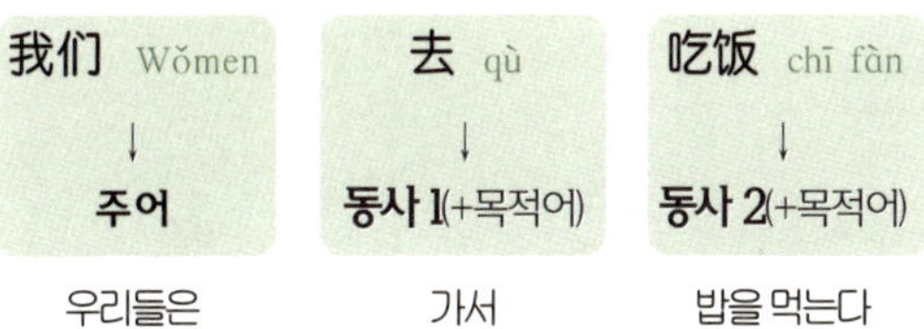

我们 Wǒmen	去 qù	吃饭 chī fàn
↓	↓	↓
주어	동사 1(+목적어)	동사 2(+목적어)
우리들은	가서	밥을 먹는다

 我去看电影。
Wǒ qù kàn diànyǐng

나는 영화 보러 갑니다.

 你几点上班?
Nǐ jǐ diǎn shàngbān
당신은 몇 시에 출근하십니까?

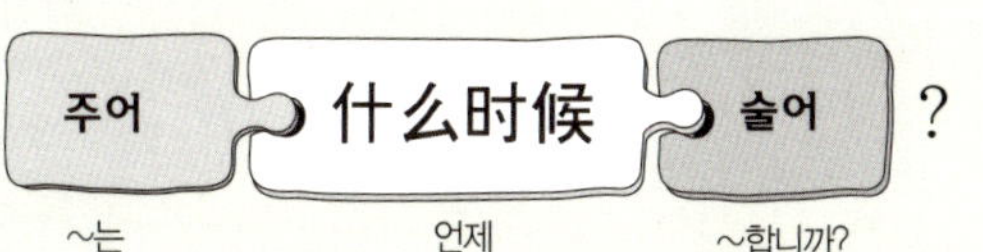

你什么时候上班?
Nǐ shénme shíhou shàngbān
당신은 언제 출근하십니까?

▶ ▶ 앞 페이지에 이어서 계속됩니다.

5 내 의견을 말하고 상대방에게 ~하는 게 어때요? ~하는 거 좋습니까?라고 물어볼 때 문장 끝에 써주는 말입니다. 동의할 때는 **好。** 좋아요.라고 대답하면 됩니다.

하오 마

好吗?
hǎo ma

~하는 것이 어떻습니까?

시간

1 **上午** 오전
shàngwǔ

2 **中午** 정오
zhōngwǔ

3 **下午** 오후
xiàwǔ

4 **早上** 아침
zǎoshang

十一点 shíyī diǎn

十二点 shí'èr diǎn

6 **一点** yī diǎn

十点 shí diǎn

两点 liǎng diǎn

九点 jiǔ diǎn

三点 sān diǎn

八点 bā diǎn

四点 sì diǎn

七点 qī diǎn

六点 liù diǎn

五点 wǔ diǎn

5 **晚上** 저녁
wǎnshang

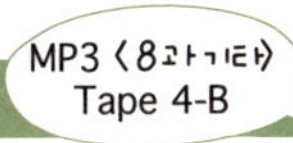

你几点起床?
Nǐ jǐ diǎn qǐchuáng

당신은 몇 시에 일어나세요?

七点整。
qī diǎn zhěng

7시 정각에요.

你几点洗脸?
Nǐ jǐ diǎn xǐliǎn

당신은 몇 시에 세수하세요?

七点零五分。
qī diǎn líng wǔ fēn

7시 5분에요.

你几点上班?
Nǐ jǐ diǎn shàngbān

당신은 몇 시에 출근하세요?

八点一刻。
bā diǎn yí kè

8시 15분에요.

你几点吃午饭?
Nǐ jǐ diǎn chī wǔfàn

당신은 언제 점심 식사를 하세요?

十二点半。
shí ʼèr diǎn bàn

12시 30분에요.

你几点下班?
Nǐ jǐ diǎn xiàbān

당신은 언제 퇴근하세요?

六点三刻。
liù diǎn sān kè

6시 45분에요.

差一刻七点。
chà yí kè qī diǎn

你几点睡觉?
Nǐ jǐ diǎn shuìjiào

당신은 몇 시에 잠을 자나요?

十一点五十五分。
shíyī diǎn wǔshí wǔ fēn

11시 55분에요.

이 과에서 배운 주요 한자를 따라 써 보고 중국어로 읽어보자.

现 xiàn	现	现			
	現 현 현재, 지금				

点 diǎn	点	点			
	點 점 ~시				

课 kè	课	课			
	課 과 수업, 강의				

饭 fàn	饭	饭			
	飯 반 밥, 식사				

两 liǎng	两	两			
	兩 량 둘, 2				

09과
多少钱?
얼마입니까?

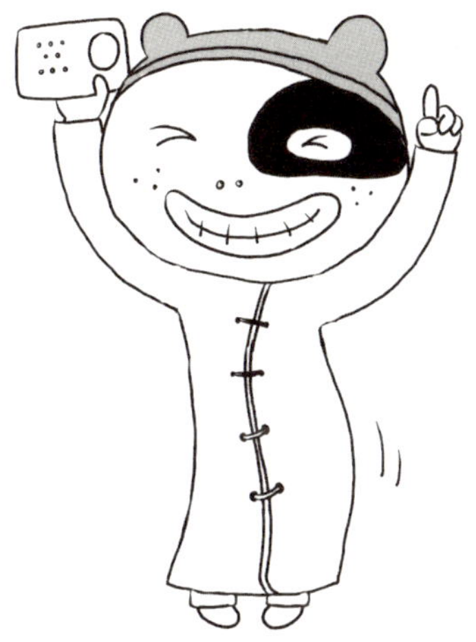

🎧 교재를 보지 말고 Tape나 MP3를 쭉 한번 들어보자 !

워 시앙 칸칸 쩌 지앤.　키이　스스　마
我想看看这件。可以试试吗?
Wǒ xiǎng kànkan zhè jiàn. Kěyǐ shìshi ma

커이,　닌 스 이시아.　쩐머양
可以，您试一下。怎么样?
Kěyǐ,　nín shì yíxià.　Zěnmeyàng

찡　허스.　뚜어샤오 치앤
正合适。多少钱?
Zhèng héshì.　Duōshao qián

량바이　우스 콰이
两百五十块。
Liǎngbǎi wǔshí kuài

쩌 타이 꿰이 러.　요우 메이요우 피앤이 더
这太贵了。有没有便宜的?
Zhè tài guì le.　Yǒu méiyǒu piányi de

쩌 지앤 요우 피앤이 요우 하오
这件又便宜又好。
Zhè jiàn yòu piáiyi yòu hǎo

해석

▶ 이 옷을 보고 싶습니다. 입어 볼 수 있습니까?

▷ 네, 입어보십시오. 어떻습니까?

▶ 딱 맞습니다. 얼마죠?

▷ 250위앤입니다.

▶ 너무 비쌉니다. 싼 것 있나요?

▷ 이것이 싸면서도 좋습니다.

단어

想 xiǎng	~하고 싶다		**看** kàn	보다
件 jiàn	~벌 **양사**		**可以** kěyǐ	~할 수 있다
试 shì	시험하다, 시도하다		**一下** yíxià	한 번
怎么样 zěnmeyàng	어떠한, 어떻게		**正** zhèng	바로, 딱
合 héshì	적합하다, 적당하다		**多少** duōshao	얼마, 몇
钱 qián	돈		**两** liǎng	둘
块 kuài	위앤		**便宜** piányi	(값이)싸다
又~又~ yòu~yòu~	~하면서 ~하다			

❶ **想** xiǎng 은 ~하고 싶다라는 뜻의 희망이나 바램을 나타내는 조동사로 동사 앞에 쓰입니다.
看看 kànkan 과 같이 동사를 중복해서 쓰면 가벼운 동작이나 간단한 테스트 등을 의미합니다.
이 때, 뒤의 동사는 경성으로 발음해주죠.
件 jiàn 은 옷을 셀 때 쓰는 양사입니다.

我想看看这件。 이 옷을 좀 보고 싶습니다.
Wǒ xiǎng kànkan zhè jiàn

단어

▸ **看** kàn
보다

▸ **试** shì
시도하다

▸ **尝** cháng
맛보다

试试
shìshi

尝尝
chángchang

한 번 해보다

맛을 좀 보다

여러가지 양사		
一张纸 종이 한 장 yì zhāng zhǐ	**两条裤子** 바지 두 벌 liǎng tiáo kùzi	**三件上衣** 상의 세 벌 sān jiàn shàngyī
四本书 책 네 권 sì běn shū	**五辆车** 자동차 다섯 대 wǔ liàng chē	**六只鸟儿** 새 여섯 마리 liù zhī niǎor
七杯水 물 일곱 잔 qī bēi shuǐ	**八支铅笔** 연필 여덟 자루 bā zhī qiānbǐ	**九位客人** 손님 아홉 분 jiǔ wèi kèrén

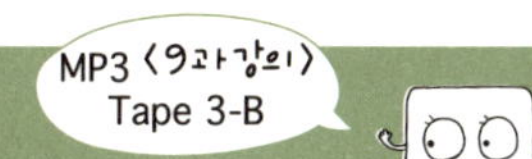

❷ 可以 kěyǐ 는 ~할 수 있다, ~해도 좋다라는 뜻의 가능이나 허락을 나타내는 조동사입니다.
문장 끝에 **吗**를 써서 의문문으로 물어볼 수 있어요.
试试은 시험삼아 한번 해보다, 입어보다라는 의미입니다.

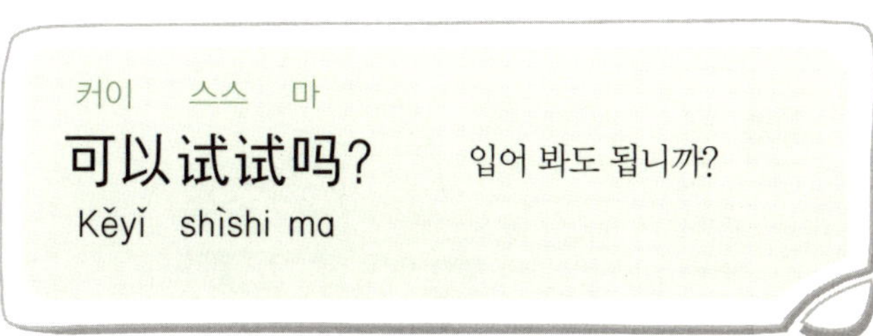

❸ 一下 yíxià 는 **한 번, 좀**이라는 의미입니다. 이외에도 다양하게 자주 쓰이는 표현입니다.

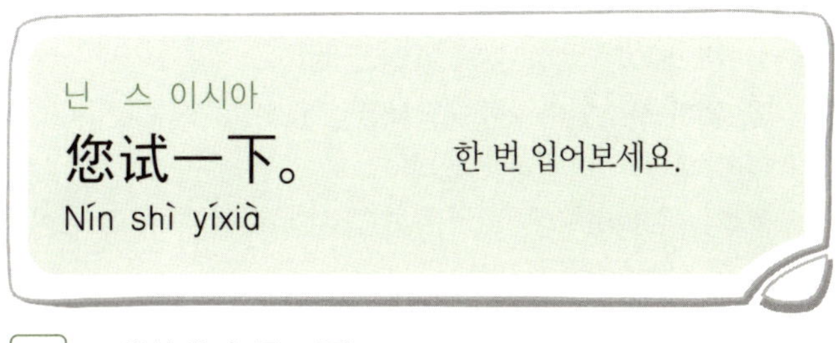

단어

▸ 给 gěi
~에게

▸ 介绍 jièshào
소개하다

我给你介绍一下。
Wǒ gěi nǐ jièshào yíxià
제가 당신께 소개 좀 해드리겠습니다.

看一下。
Kàn yíxià
한 번 좀 봅시다.

❹ 合适 héshì 는 **몸에 맞다, 적당하다**라는 뜻의 형용사입니다.
怎么样 어때요?, 어떻습니까?라고 어떤 상태를 물어보면 상태를 나타내는 형용사를 써서
대답하면 됩니다.

단어

▶ 正 zhèng
딱, 바로

찡 허스

正合适。   딱 맞습니다.
Zhèng héshì

▶ 小 xiǎo
작다

 太小。   너무 작습니다.
Tài xiǎo

▶ 大 dà
크다

太大。   너무 큽니다.
Tài dà

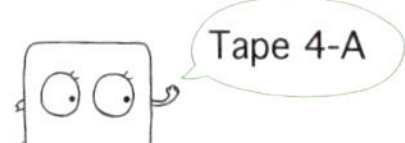

❺ 가격을 물어볼 때는 쓰는 표현입니다.
몇, 얼마라는 뜻의 의문대명사로는 **几**와 **多少**가 있습니다. 几는 10이하의 적은 수를 물
어볼 때 양사와 같이 쓰입니다.
多少는 정확하지 않은 조금 큰 숫자를 물을 때 쓰며 양사가 생략됩니다.

단어

▶ 钱 qián
돈

뚜어샤오 치앤

多少钱?   얼마입니까?
Duōshao qián

几口人?   몇 식구?
Jǐ kǒu rén

几个?   몇 개?
Jǐ ge

多少钱?   얼마입니까?
Duōshao qián

❻ 중국의 화폐는 **人民币** rénmínbì 로 기본 단위는 **元** yuán, **角** jiǎo, **分** fēn 입니다. 일상회화에서는 **元** 대신 **块** kuài, **角** 대신 **毛** máo 를 사용하죠. 가격을 표시할 때는 元 아래 단위는 소수점 아래에 씁니다. 기준이 되는 화폐는 1元이고 현재 사용되는 지폐는 100元이 가장 크며 가장 작은 단위인 分은 거의 사용되지 않습니다.

> 량바이 우스 콰이
> # 两百五十块。 　　250위앤입니다.
> Liǎngbǎi wǔshí kuài

금 액 말하기	10.00元	**十块** shí kuài(yuán)	▶ 회화에서는 元 대신 块 라고 합니다.
	12.50元	**十二块五(毛)** shí'èr kuài wǔ (máo)	▶ 회화에서는 마지막 화폐단위는 생략할 수 있습니다.
	12.05元	**十二块零五(分)** shí'èr kuài líng wǔ (fēn)	▶ 숫자 사이에 0이 들어가면 반드시 0을 零 líng 을 읽어줍니다.
	15.54元	**十五块五毛四(分)** shíwǔ kuài wǔ máo sì(fēn)	
	2.00元	**两块** liǎng kuài	▶ 양사 앞에 쓰이는 2는 两 liǎng 으로 읽습니다.
	2.2元	**两块二** liǎng kuài èr	▶ 2가 마지막 자리에 쓰여 그 단위가 생략될 때는 二 èr 로 읽어주어야 합니다.
	2.22元	**两块两毛二** liǎng kuài liǎng máo èr	

숫자 읽기 100이상

숫자	한자	병음	한글
100	百	bǎi	백
1,000	千	qiān	천
10,000	万	wàn	만
100,000	十万	shíwàn	십만

숫자	한자	병음	한글
1,000,000	百万	bǎiwàn	백만
10,000,000	千万	qiānwàn	천만
100,000,000	亿	yì	억

▶ 세 자리 이상의 수에서 십 단위 이상에 0이 있을 경우, 0을 零 líng 이라고 꼭 읽어준다.
(단, 2개 이상의 0이 있어도 한번만 읽어준다.)

105 一百零五 yìbǎi líng wǔ   3007 三千零七 sānqiān líng qī

▶ 백, 천, 만 단위의 숫자가 1일 경우, 반드시 숫자 一 yī 를 읽어준다.

1000 一千 yìqiān   11,000 一万一千 yíwàn yìqiān

▶ 백, 천, 만, 억 단위의 숫자가 2일 경우, 백은 二 èr, 两 liǎng 둘 다 쓸 수 있고, 천, 만, 억은 보통 两으로 읽어준다.

2002 两千零二 liǎngqiān líng èr   20,000 两万 liǎngwàn

100위앤 = 10지야오 = 100펀

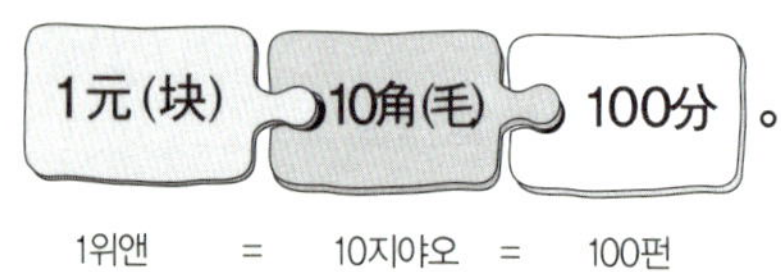

1위앤   =   10지야오   =   100펀

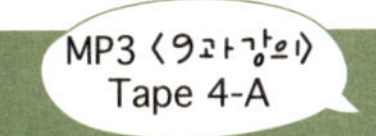

❼ **贵** guì 는 **비싸다**라는 뜻으로 반대말인 **싸다**는 **便宜** piányi 입니다.
여기서 **了**는 특별한 뜻이 없이 **太~了**의 형태로 성질과 상태의 정도가 크다는 것을 강조하는
어기조사입니다.

> 쩌 타이 꿰이 러
>
> ## 这太贵了。　　　　이것은 너무 비쌉니다.
> Zhè tài guì le

❽ 명사나 동사, 형용사 뒤에 **的**를 붙여서 ~의 것, ~하는 것이라는 뜻으로 쓸 수 있습니다.

> 요우 메이요우 피앤이 더
>
> ## 有没有便宜的?　　싼 것 있습니까?
> Yǒu méiyǒu piányi de

你的　　　　　　　너의 것
nǐ de

好的　　　　　　　좋은 것
hǎo de

▶▶ 앞 페이지에 이어서 계속됩니다.

❾ 又~又~는 ~하기도 하면서 ~하기도 하다라는 뜻으로 어떤 상황이나 동작이 동시에 존재함을 나타냅니다.

단어

▶ 件 jiàn
옷을 세는 단위 양사

▶ 香 xiāng
향기롭다

▶ 甜 tián
달다

 又香又甜
yòu xiāng yòu tián
향기로우면서도 달다

MP3 〈9과 기타〉
Tape 4-B

주요 형용사

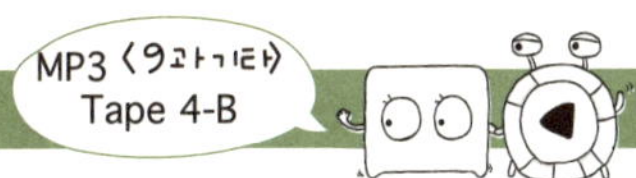

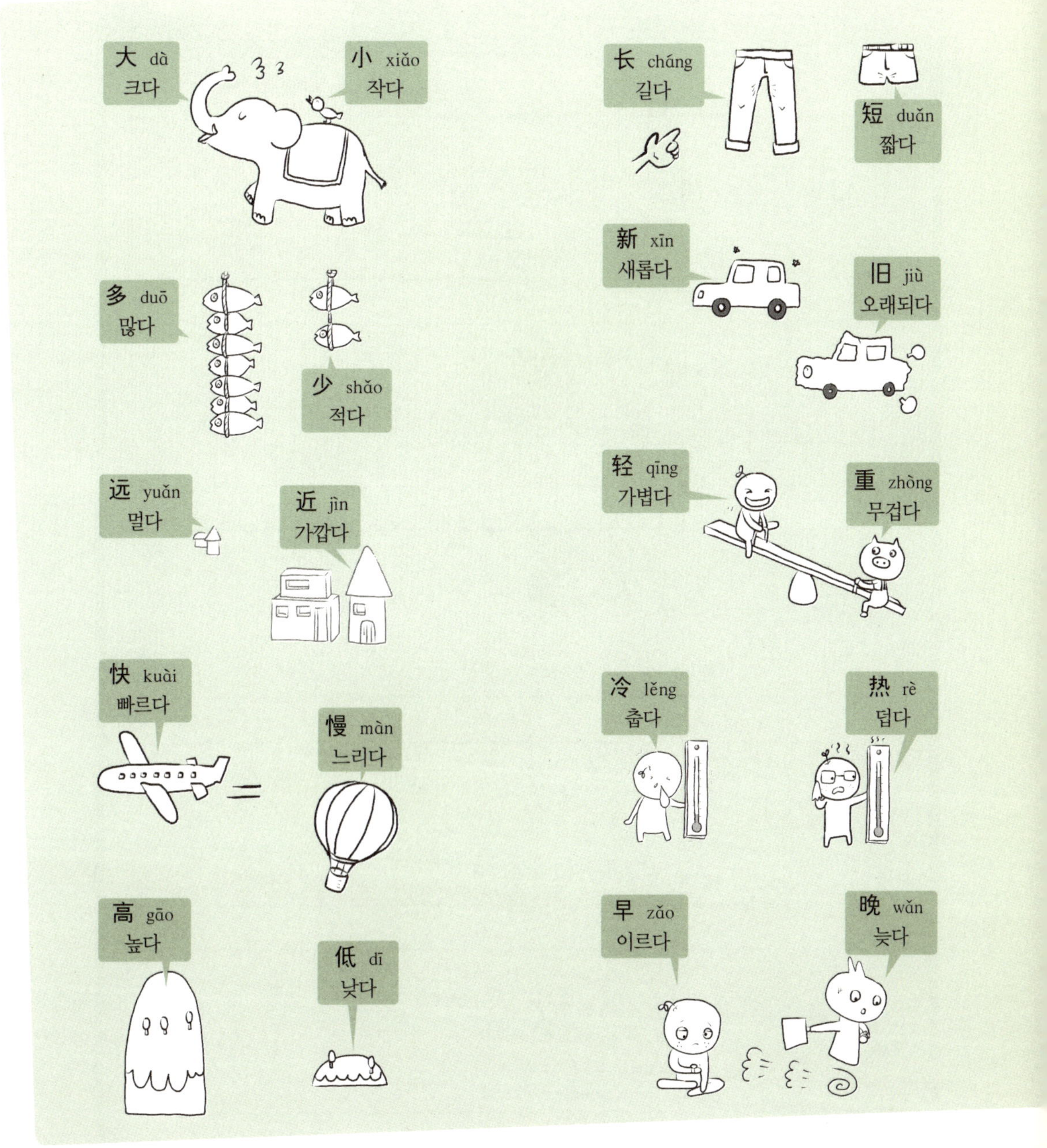

大 dà 크다
小 xiǎo 작다
长 cháng 길다
短 duǎn 짧다
新 xīn 새롭다
旧 jiù 오래되다
多 duō 많다
少 shǎo 적다
远 yuǎn 멀다
近 jìn 가깝다
轻 qīng 가볍다
重 zhòng 무겁다
快 kuài 빠르다
慢 màn 느리다
冷 lěng 춥다
热 rè 덥다
高 gāo 높다
低 dī 낮다
早 zǎo 이르다
晚 wǎn 늦다

이 과에서 배운 주요 한자를 따라 써 보고 중국어로 읽어보자.

试 shì	试	试			
	試 시 시도하다, 시험하다				

样 yàng	样	样			
	樣 양 모양				

适 shì	适	适			
	適 적 알맞다, 적합하다				

钱 qián	钱	钱			
	錢 전 돈				

块 kuài	块	块			
	塊 괴 ~위앤 화폐단위(구어체)				

10과 百货大楼在哪儿？

백화점은 어디에 있습니까?

百货大楼在哪儿?

백화점은 어디에 있습니까?

🎧 교재를 보지 말고 Tape나 MP3를 쭉 한번 들어보자 !

칭 원, 바이후어따로우 짜이 나알
请问，百货大楼在哪儿?
Qǐng wèn, bǎihuòdàlóu zài　nǎr

짜이 쫑구어 인항 팡비앤
在中国银行旁边。
Zài Zhōngguó yínháng pángbiān

리 쩌얼 위앤 부 위앤
离这儿远不远?
Lí　zhèr yuǎn bu yuǎn

비지야오 위앤
比较远。
Bǐjiào yuǎn

따오 나알 쩐머 조우
到那儿怎么走?
Dào　nàr　zěnme zǒu

이즈 왕 치앤 조우, 찌요우 따오 꽁꽁치쳐짠
一直往前走，就到公共汽车站。
Yìzhí wǎng qián zǒu, jiù dào gōnggòngqìchēzhàn

짜이 나알 쭈어 얼스 루 치쳐
在那儿坐二十路汽车。
Zài　nàr　zuò èrshí lù　qìchē

해석

▶ 실례합니다, 백화점은 어디에 있습니까?

▷ 중국은행 옆에 있습니다.

▶ 여기서 멉니까?

▷ 비교적 멉니다.

▶ 그곳까지 어떻게 갑니까?

▷ 앞으로 쭉 가다보면 버스정류장이 나옵니다.
그곳에서 20번 버스를 타세요.

단어

请问 qǐng wèn	실례합니다	百货大楼 bǎihuò dàlóu	백화점
旁边 pángbiān	옆	离 lí	~로부터, ~에서 개사
这儿 zhèr	여기, 이곳	远 yuǎn	멀다
比较 bǐjiào	비교적	到 dào	~까지, 도착하다, ~에 이르다
那儿 nàr	그곳	怎么 zěnme	어떻게
走 zǒu	가다, 걷다	一直 yìzhí	똑바로, 곧장
往 wǎng	~를 향해, ~쪽으로 개사	前 qián	앞, 앞쪽
就 jiù	곧, 바로	公共汽车站 gōnggòngqìchēzhàn	버스정류장
坐 zuò	타다	路 lù	노선 양사

❶ 请问은 실례합니다, 말씀 좀 묻겠습니다라는 뜻으로 처음 보는 사람에게 말을 건넬 때 자주 쓰는 표현입니다.
在 zài 는 동사로 쓰일 때는 ~에 있다라는 뜻이고 전치사로 쓰일 때는 ~에서라는 뜻으로 쓰입니다.

단어

▶ 百货大楼 bǎihuò dàlóu
백화점

칭 원　바이후어따로우 짜이 나알

请问, 百货大楼在哪儿?
Qǐng wèn bǎihuò dàlóu zài nǎr

실례합니다, 백화점은 어디에 있습니까?

公共汽车站 gōnggòngqìchēzhàn	버스정류장	在哪儿? zài nǎr
银行 yínháng	은행	어디에 있습니까?

❷ 주어 + 在 + 장소를 나타내는 말로 ~는 ~에 있습니다의 뜻을 나타냅니다.
旁边 pángbiān 는 ~옆이라는 뜻으로 이와 같이 위치나 방향을 나타내는 말을 **방위사**라고 합니다.

짜이 인항　팡비앤

在银行旁边。
Zài yínháng pángbiān

은행 옆에 있습니다.

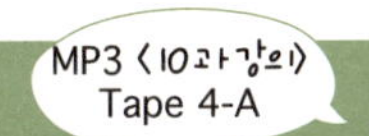

위치

사람·사물 + 在 zài + 장소
~에 있습니다.

银行在这儿。　은행은 여기에 있습니다.
Yínháng zài zhèr

소유

장소 + 有 yǒu + 사람·사물
~이 있습니다.

这儿有银行。　여기에 은행이 있습니다.
Zhèr yǒu yínháng

❸ 离 lí 는 ~에서부터라는 뜻의 전치사(개사)입니다.
긍정 + 부정의 형식으로 물어보는 의문문입니다.

단어

▸ 这儿 zhèr
　여기, 이곳

리　쩌얼　위앤 부 위앤
离这儿远不远?　여기에서 멉니까?
Lí zhèr yuǎn bu yuǎn

▸ 近 jìn
　가깝다 형용사

很近。　가깝습니다.
hěn jìn

很远。　멉니다.
hěn yuǎn

不远。　멀지 않습니다.
bù yuǎn

比较远。　비교적 멉니다.
bǐjiào yuǎn

10과 **百货大楼在哪儿?** （119）

▶▶ 앞 페이지에 이어서 계속됩니다.

❹ 到 dào 는 ~까지라는 뜻으로 장소나 시간이 이르는 곳을 나타내는 전치사입니다.
怎么 zěnme 는 어떻게, 어째서라는 뜻의 영어의 how와 비슷한 의문대명사입니다.

단어

▸ 那儿 nàr
거기, 그곳
▸ 走 zǒu
걷다, 가다

따오 나알 쩐머 조우
到那儿怎么走?
Dào nàr zěnme zǒu

그곳까지 어떻게 갑니까?

❺ 往 wǎng 은 ~를 향해, ~쪽으로라는 뜻의 방향을 나타내는 전치사입니다.

단어

▸ 一直 yìzhí
곧바로, 곧장
▸ 前 qián
앞, 앞쪽

이즈 왕 치앤 조우
一直往前走。
Yìzhí wǎng qián zǒu

곧장 앞으로 가세요!

▸ 拐 guǎi
방향을 꺽다, 돌다

往右拐。
Wǎng yòu guǎi

오른쪽으로 도세요.

往左拐。
Wǎng zuǒ guǎi

왼쪽으로 도세요!

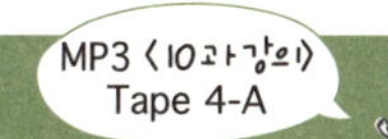

❻ 到 dào 는 ～까지라는 뜻의 전치사 외에 ～에 **도착하다**라는 뜻의 동사로도 쓰입니다.

단어

▸ 公共汽车站
gōnggòngqìchēzhàn
버스정류장

❼ 坐 zuò 는 **앉다**라는 뜻 외에 교통수단을 **타다**라는 뜻도 있습니다.
路 lù 버스 노선을 나타내는 양사입니다. 번호가 세자리 수 이상일 때는 숫자를 하나하나 읽어줍니다.

단어

▸ 公共汽车 gōnggòngqìchē
버스

▶▶ 앞 페이지에 이어서 계속됩니다.

전치사 개사가 들어가는 문장

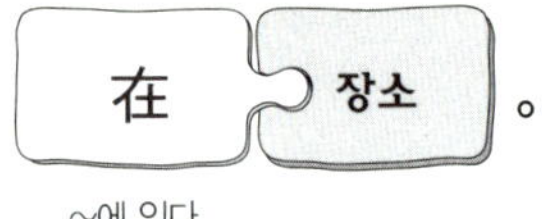

在哪儿?
Zài nǎr
어디에 있습니까?

在哪儿工作?
Zài nǎr gōngzuò
어디에서 근무합니까?

离这儿远。
lí zhèr yuǎn
여기에서 멉니다.

到那儿怎么走?
Dào nàr zěnme zǒu
그곳까지 어떻게 갑니까?

往前走。
Wǎng qián zǒu
앞으로 가세요.

▶ 개사는 영어의 전치사와 비슷한 것으로 명사와 함께 술어 앞에서 시간, 장소, 방향, 대상, 원인, 수단 등을 나타낸다.

在 ________ 。
Zài
～에 있습니다.

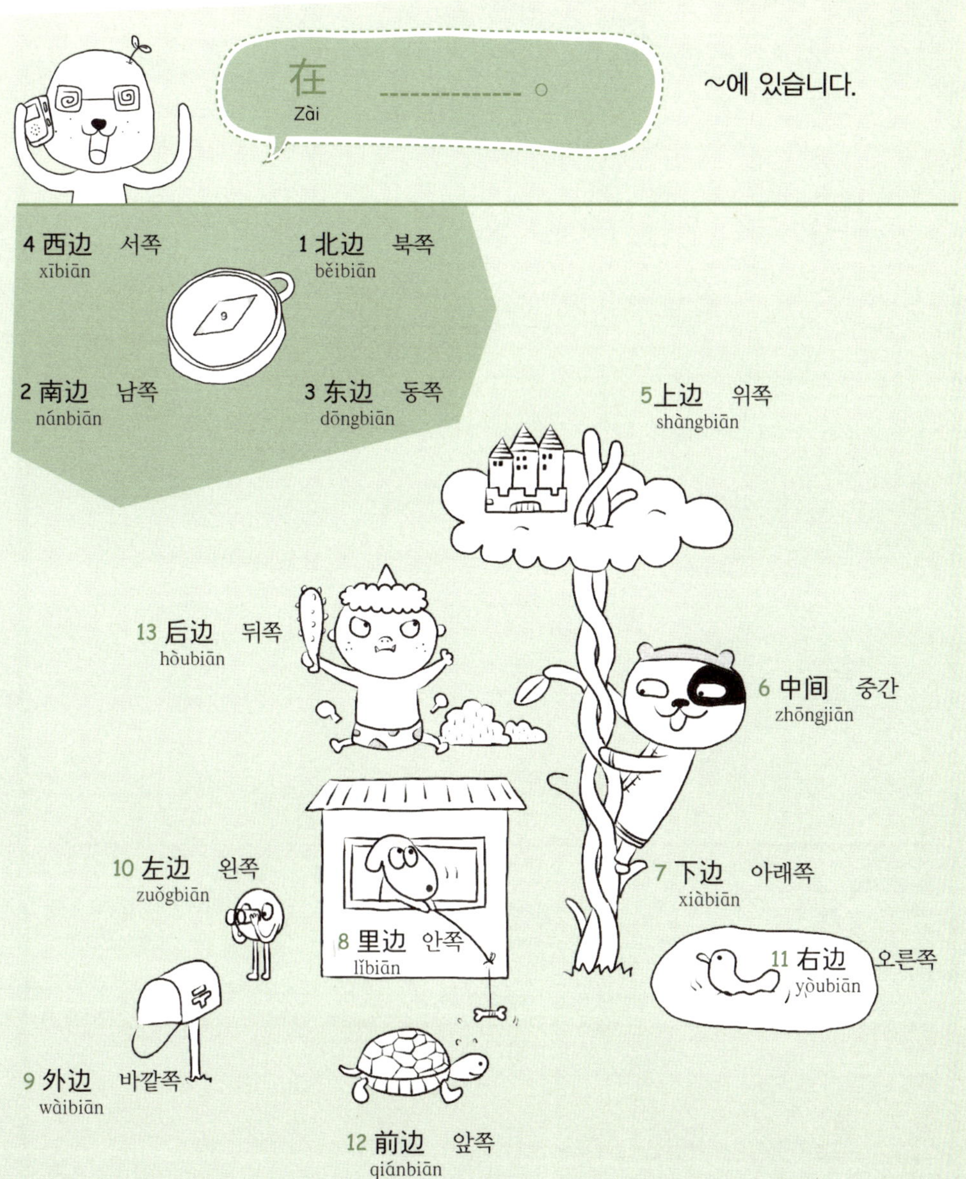

4 西边 서쪽
xībiān
1 北边 북쪽
běibiān
2 南边 남쪽
nánbiān
3 东边 동쪽
dōngbiān
5 上边 위쪽
shàngbiān
13 后边 뒤쪽
hòubiān
6 中间 중간
zhōngjiān
10 左边 왼쪽
zuǒbiān
8 里边 안쪽
lǐbiān
7 下边 아래쪽
xiàbiān
11 右边 오른쪽
yòubiān
9 外边 바깥쪽
wàibiān
12 前边 앞쪽
qiánbiān

이 과에서 배운 주요 한자를 따라 써 보고 중국어로 읽어보자.

问 wèn	问	问			
	問 니 묻다, 질문하다				
货 huò	货	货			
	貨 화 상품, 물품				
离 lí	离	离			
	離 리 ~에서, ~까지				
远 yuǎn	远	远			
	遠 원 멀다				
车 chē	车	车			
	車 차 차				

▪Digis 외국어 첫걸음

올칼라 일러스트로 **회화 + 청취 + 문법 + 문화**를 한방에!

▷▶ 기본 발음과 글자부터 시작

▷▶ 왕초보에게 딱 맞는 짧고 간단한 회화

▷▶ 올칼라 일러스트로 배우는 문법과 속 시원한 설명

▷▶ 현지 촬영 사진으로 문화 엿 보기

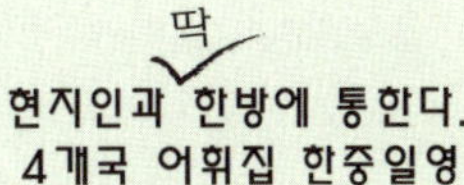

4×6 배판 / 192쪽 / Tape 3개 + MP3 CD포함
정가 12,800원

4×6 배판 / 208쪽 / Tape 3개 + MP3 CD포함 + 간체자 쓰기
정가 14,300원

4×6 배판 / 192쪽 / Tape 3개 + MP3CD포함
정가 13,500원

우선 **발음**을 익힌다! 그리고,

기본회화와 **요점 해설**로 기초를 다진 후
실용회화로 깔끔하게 마무리!

4×6판/ 288쪽 / Tape 2개 + MP3 CD 포함
정가 12,000원

4×6판/ 288쪽 / Tape 2개 + MP3 CD 포함
정가 12,000원

4×6판/ 288쪽 / Tape 2개 + MP3 CD 포함
정가 12,000원

Digis of Foreign Language
On-line과 Off-line 을 통한 디지털 외국어학습!
최첨단 어학 프로그램을 응용한
Digis 를
당신의 꿈이
통해서
실현됩니다.
Digital System of Foreign Language
130-872 서울시 동대문구 회기동 60-110 Tel : 02)963-2456 Fax : 02)967-1555

잘못된 책은 교환해 드립니다.

저자 김혜경

1판 1쇄 2007년 3월 2일   발행인 김인숙   발행처 **디지스**
Editorial Director 김인숙   Designer 김혜경 · 김소아
Cover Design 백선웅   Cartoon 김소아   Printing 삼덕정판사

130-872
서울시 동대문구 회기동 60-110

대표전화   02-963-2456
팩시밀리   02-967-1555
출판등록   제 6-694호

ISBN 978-89-91064-20-1

Digis 는 디지털 외국어 학습을 실현합니다.